니 마음대로 사세요

내 마음대로 살아도 모두가 행복한 마음사용법

니 마음대로 사세요

박이철 지음

특별한서재

차례

마음의 힘

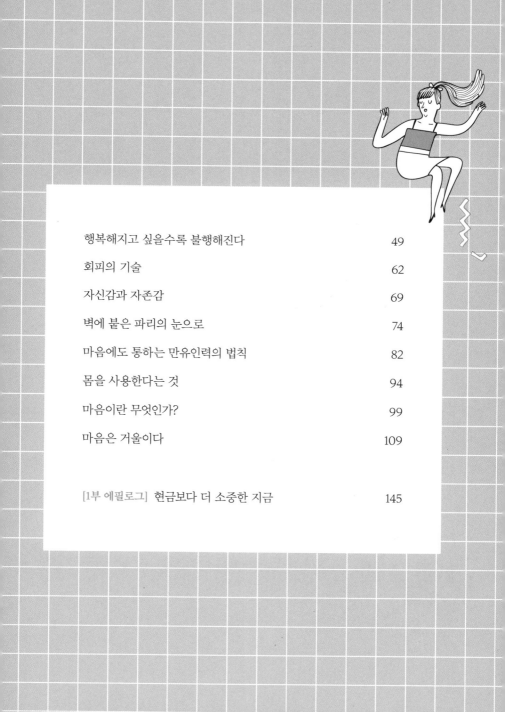

제2부

마음을 사용하는 법, 감동력

머리말

　행복에 대해 강의하는 내가 꼭 들었으면 좋겠다는 지인의 추천으로 어느 날 저녁, 강연장에 가게 되었다. 강사는 유명한 교수님이었다. 준비된 김밥으로 간단히 저녁을 대신하고, 정확히 7시 반에 강의가 시작되었다.

　강의를 시작할 때 강사는 한손에는 마이크를 쥐고, 다른 한손에는 스마트폰을 들고 있었다. ppt를 넘기기 위해 포인터를 작동하려고 하자, 손이 부족했다. 그는 마이크를 오른팔 겨드랑이에 끼우고 몸을 잔뜩 웅크린 채 강의를 이어갔다.

　나는 마음속으로 생각했다. '이 강연장은 마이크를 사용하지 않아도 될 만큼 작은데, 왜 저 마이크를 들고 저렇게 몸을 움츠리고 있을까?' 어차피 마이크는 겨드랑이에 끼워져 있었기 때문에 거의 소용도 없었다. 또, '스마트폰이 꼭 필요하면 사용할 때 들면 될 텐데, 왜 지금부터 저렇게 들고 있는 걸까?' 그런데 시간이 한참 지나면서 나의 생각을 날려버리는 모멘텀이 왔다. 1시간 반 예정된 강의 시간 중 약 55분이 지난 8시 25분에 그는 이렇게 혼잣말을 했다.

"참나, 내가 왜 이것들을 들고 있었지? 별로 쓸데도 없는데."

그러면서 마이크와 휴대폰을 내려놓았다. 그는 이제 허리를 펴게 되었고, 자세가 정상으로 돌아왔다. 그는 스마트폰을 이용해서 해야 할 어떤 일도 없고, 마이크가 아무 소용없다는 것을 강의가 후반부를 넘어가면서 깨달은 것이다. 그리고 비로소 자유로워졌다. 그의 행복에 대한 철학과 연구들보다 오히려 계획에도 없었던 그 퍼포먼스가 나에게 더 깨달음을 주었다.

우리의 삶은 이와 같다. 쓸데없는 생각들로 인해 마음은 늘 괴롭고, 넘치는 욕망들로 인해 늘 무겁다. 쓸데없는 소유로 우리의 마음은 늘 불안한 것이 아닐까.

이 책은 마음을 사용하는 법에 대한 이야기다. 대부분의 책들이 마음의 작용에 대해 이야기한다면, 이 책은 마음 자체를 이야기한다. 마음을 알아야 그 작용을 이해할 수 있지 않겠는가!

사람의 마음은 거울과 같아서 삼라만상을 비춘다. 모든 것이 거울이니 이 세상은 거울과 나로 이루어져 있다고 해도 과언이 아니다. 그런데 나의 마음 깊은 곳에는 이 거울에 어떤 상을 맺게 하느냐를 결정하는 근원이 있다. 우리가 바로 알아야 할 것은 바로 이것이다. '마음은 무엇인가?', '나는 누구인가?', '내가 원하는 것은 어떤 것인가?', '어떻게 살아야 후회하지 않을까?'를 고민할 때 누구나 맨 먼저 거쳐야 하는 관문이다. 이것을 모르고서는 나의 거울과 나의 생각이 비추는 상을 통제할 수 없고 타인의 거울에 비친 일그러지고 왜곡된 상을 진실이라 믿고 휘둘리기 쉽다. 내가 나의 마음을 모르기 때문에, 결국 내 마음의 주인으로 바로 서지 못하는 것이다.

이 책은 생각의 힘이 미치는 마음, 즉 의식의 세계보다도 밑에 있는 무의식의 세계이자 마음의 근원 속으로 들어갈 수 있는 방법의 길잡이를 위한 것이다. 마음이 가진 힘이 어떤 것인지 자세히 안내해준다. 종종 '내 마음인데 내 마음대로 안 된다.'는 푸념을 듣는데 이것은 자신의 마음을 잘 모르기 때문에 나오는 말이다. 마음을 제대로 사용하려면 마음을 잘 알아야 한다.

지금 이 책을 펼치고 마음공부를 시작하는 독자들은 엄청난 변화를 경험하게 될 것이다. '내 마음대로' 살면 세상이 바뀐다. 그리고 당신이 바로 그 세상의 왕이다.

나는 이 책을 통해 우리가 얼마나 훌륭한 사람인지를 알려주고 싶었다. 그것을 진정으로 아는 사람만이 훌륭해질 수 있다.

이제 단 한 번도 경험해보지 못한 자신의 마음으로 여행을 떠나보자.

2020년
박이철

내 마음대로 살아도 모두가 행복한 마음사용법

제1부

마음의 힘

좋은 것을
가지고 싶은 이유

사람들에게 지금 갖고 싶은 것이 무엇이냐고 물으면 좋은 차, 좋은 집, 좋은 시계, 좋은 옷, 좋은 가방 등 다양한 대답이 쏟아져 나온다. 갖고 싶은 것은 서로 다르지만 한 가지 공통점은 있다. 바로 '좋은 것'이라는 점이다. 좋은 것을 가지면 무엇이 좋기에 우리는 이토록 좋은 것이 가지고 싶은 것일까?

'좋은 차'에 집착하는 남자들이 꽤 있다. 왜 좋은 차를 타고 싶으냐고 물으면 대답이 각양각색이다.

"차가 좋으면 더 안전하잖아요?"

"좋은 차일수록 속도감이 끝내주거든요."

"폼 나잖아요?"

우리에겐 남들보다 더 좋은 것을 소유함으로써 자신이 보다 나은 존재임을 알리고 싶어 하는 욕구가 있다. 그래서 사람들로부터 존경이나 사랑을 받고자 하는 것이다. 좋은 것을 가지고 싶은 마음속에는 좋은 것을 소유한 나를 사람들이 부러워할 것이라는 전제가 깔려 있음을 부정하기 힘들다. 그런데 좋은 것을 가지고 있는 것만으로 나의 존재가 사람들이 선망하는 '좋은 것'이 될 수 있을까?

　　명품 스포츠카를 몰고 다니며 사람들의 시선을 끌던 남자가 어느 날 사업이 기울어 친구에게 차를 팔았다면 사람들은 이제 누구를 보며 '우와~!' 하는 부러움의 탄성을 지를 것인가? 예전 사람들이 쳐다봤던 대상은 그 남자가 아니라 그 차였다. 단 한 사람만이 그 사실을 모르고 있었다. 바로 그 차를 소유하고 있는 사람. 그는 차와 자신을 마치 하나의 존재인 것처럼 착각하고 있지만 다른 사람들은 차와 그 차를 소유한 사람을 정확하게 나누어서 바라본다. 사람들은 좋은 차의 가치를 알아보고 부러워하지만 그 차를 소유한 사람이 탄성을 지를 만큼 '좋은 사람'이거나 '부러워할 만한 존재'라고는 생각하지 않는다.

　　그렇다면 남들의 시선을 차치하고라도 내가 소유한 '좋은 것'이 늘어날수록 과연 나의 행복지수는 올라갈까?

　　이 세상에 내 한 몸 뉘일 수 있는 작은 집 하나만 있으면 좋겠다고 생각했던 청년이 열심히 돈을 벌어 드디어 내 집을 장만하게 되었다. 그런데 결혼을 하고 아이들이 태어나고 부모님을 모시고 살게 되면서 좀 더 큰 집이 필요했다. 그래서 더 악착같이 돈을 모아 더 큰 집을 갖게 됐지만 같은 아파트 단지에는 그의 집보다 평수가 더 넓은 집이 많았다. 그래서 그는 보다 더 넓은 집으로 이사 가기 위해 다시 허리띠를 졸라매고 돈을 벌기 시작했다. 그래서 겨우 그 아파트 단지에서 제일 평수가 넓은 아파트에 살게 됐지만 윗집 남자는 아파트를 세 채나 가지고 있다는 것을 알게 되었다. 그래서 그는 아파트 하나를 더 사기 위해 다시 총력을 다하기로 마음을 먹었다. 그러나 그는 그제야 자신이 은퇴할 나이가 가까웠다는 것을 깨달았다. 집 평수를 늘리는 데 평생을 다 바친 것이다.

소유를 쫓는 사람은 그 갈증이 끝이 없다. 세상에는 얼마든지 좋은 것들이 넘치고 좋은 것 위에는 늘 '더 좋은 것'이 있다. 그러니 갖고 싶은 것은 가질수록 줄어들기는커녕 늘어나기만 한다. 그리고 그 늘어나는 욕망을 감당하기 위해 소유를 위한 인생을 살게 된다.

'소유한다'는 것은 주인이 된다는 것이다. 주인이라면 모름지기 자신이 소유하고 있는 것을 자신의 의지에 따라 필요할 때 언제든 사용할 수 있어야 한다. 저금한 돈을 몽땅 털어 오랫동안 열망하던 비싼 자동차를 샀다. 친구들 앞에서 자랑을 하고 지나가는 이들의 시선을 모으는 건 어깨가 으쓱해지는 일이지만 차가 비싼 만큼 부수적으로 돈이 들어갈 데가 더 많아진다. 보험료도 더 비싸고 수리비도 더 비싸다. 그래서 남들이 부러워하는 그 차의 주인자리를 지키기 위해 더 열심히 돈을 벌어야 한다. 그러면 내가 그 차의 주인인 것인가, 아니면 그 차가 나의 주인 노릇을 하고 있는 것인가? 소유하고 있는 것들이 늘수록, 소유하고 싶은 마음이 클수록 내가 소유하고 있는 것들이 역으로 나를 소유하게 된다. 결국 나의 욕망이 나의 주인이 되는 것이다.

내가 진정한 내가 되는 것에는
그 어떤 소유도 필요치 않다

내가 소유한 것을 통해 나의 존재를 세상에 증명해 보이고 싶은 것은 물질적인 것에만 국한된 이야기가 아니다. 사회적인 지위나 직업 같은 것들도 마찬가지다. 사람들은 고관대작 앞에서 머리를 조아린다. 국회의원이나 장관, 명문대 교수 등의 명함을 내미는 사람들 앞에서 허리를 굽히고 대우를 해준다. 그런데 그 자리에서 물러나고 나면 알아서 대접을 해주던 이들도, 주위에서 입 속의 혀처럼 굴던 사람들도 자연스럽게 사라진다. 화려한 스포트라이트는 완장을 차고 있는 동안 빛나는 것이다. 그렇듯 눈에 보이는 것보다 눈에 보이지 않는 것의 소유가 존재와 분리해내기가 더 힘들다. 대부분의 사람들이 자신의 명함을 자신의 분신, 즉 자신의 존재 자체로 인식하며 살아간다. 그래서 그 명함이 더 이상 쓸모없게 된 순간 자신의 존재 자체가 부정당한 듯한 허탈감에 빠지게 되는 것이다.

눈에 보이지 않는데 우리가 소유하고 있다고 믿는 것들 중에는 생각과 감정도 있다. 그러나 나도 모르게 생겨났다가 사라져버리기도 하고, 내 뜻대로 잘 움직여지지도 않는 생각과 감정이 과연 내가 '소유'한 것이라고 할 수 있을까? 내 것이긴 하나 일관성도 없고 제멋대로이며 잠시 내 것인 것 같다가 금세 내 것이 아닌 것이 되니 내가 '소유'하고 있다고 하기는 어렵다.

그렇다면 너무나 확실하게 나의 것인 내 '몸'은 어떤가? 나의 몸과 나의 존재는 하나인가? 교통사고가 나서 팔다리를 잃는다고 나의 존재가 훼손당했다고 할 수 있을까? 과연 깎고 난 손톱이나 자르고 난 머리카락을 나의 일부로 여기고 가지고 다니는 이가 있을까? 결국 나의 몸 역시 그저 내가 소유하고 있는 것일 뿐, 그마저도 영원하지 않은 잠깐의 소유에 불과하다.

사람과 사람 사이도 마찬가지다. 남녀 사이에 일어나는 분란은 상대방에 대한 소유욕 때문인 경우가 태반이다. '내 사람'이라는 생각에 상대를 나의 기대와 시선 안에 가두고 싶어 하는 것이다. 소유하고 싶은 마음이 커질수록 괴로움과 갈등도 커져간다. 작은 것을 하나 가지면 점점 더 큰 것을 갖고 싶어지고, 나를 향해 웃어주는 그 사람의 미소만 봐도 행복하던 것이 점점 그 사람이 나만 보고 웃기를 바라게 된다.

나의 의식과 기억을 담고 있는 뇌가 곧 나의 존재라고 믿는 이들도 있다. 하지만 병에 걸려서 뇌의 일부분을 절제하더라도 사는 데는 큰 지장이 없다. 부위에 따라 기능이 다른 몸의 일부일 뿐이지 뇌 역시도 나의 존재는 아니다.

그렇다면 우리의 생각이나 마음은 어떤가? 과연 우리가 스스로 진정한 주인이라고 할 수 있는가? 나의 의지대로 필요할 때 언제든지 생각을 바꿀 수 있고 사용할 수 있는 사람이 몇이나 될까? 그렇게만 된다면 사는 일이 훨씬 덜 골치 아프고 내 마음대로 되는 일이 더 많아질 것이다. 마음은 더더군다나 믿을 것이 못 된다. 남에게 덥석 빼앗기기도 하고 내 뜻대로 못해서 안달 나게 만드는 일이 다반사요, 제가 중한 줄도 모르고 가볍게 나대기 일쑤다. 마음 역시 내가 '가지고 있는 것'이다. 그렇다면 '내가 가지고 있는 것들'에 하나씩 줄을 긋고 지워보면 어떨까? 맨 마지막에 나의 존재가 남지는 않을까?

내가 가지고 있는 눈에 보이는 것들, 눈에 보이지는 않지만 내가 가지고 있는 것들, 나의 감정과 생각들, 나의 몸, 나의 마음. 이제 무엇이 남는가? 아무것도 남아 있지 않은 것처럼 보이지만 여전히 남아 있는 것, 그것이 바로 나의 존재다. 내가 '소유'하고 있는 것들을 모두 지워버리고 나서도 나의 '존재'는 결코 지워지지 않은 채 남는다. 그러니까 내가 나로서 존재하는 것에는 그 어떤 소유도 필요하지 않는 것이다. 좋은 것을 소유하는 것으로 존재를 치장할 수는 있을지 모르나 존재 자체를 좋은 것으로 만들 수는 없다. 존재는 소유함으로써 있는 것이 아니기 때문이다.

그래서 존재에 집중하는 사람은 가진 것과 갖는 행위에 집착하지 않는다. 오로지 우리의 지속적인 순간의 선택이 우리의 존재의 가치를 만들어가는 것일 뿐임을 안다.

오늘의 마음사용법

멋진 차와 큰 집을 가졌기 때문에 당신이 훌륭한 존재가 되는 것이 아니다. 당신의 존재는 그 자체로 훌륭하다. 당신은 무언가를 소유하기 때문이 아니라 존재하기 때문에 살아가는 것이다.

누군가의 소유에 의기소침해지거나 마음이 상하기 직전이라면 스스로에게 물어보라.

"나는 누구인가?"

천국과 지옥을 잇는 다리의 이름은 '생각을 바꿨더니'

멍게에게는 뇌가 없다. 원래부터 뇌가 없는 것은 아니다. 실제로 멍게는 유충일 때는 먹이를 구하기 위해 뇌를 열심히 쓰다가 성충이 되어 돌에 달라붙어 정착을 하고 나면 더 이상 움직일 필요가 없어지기 때문에 자신의 뇌를 자양분으로 흡수한다. 더 이상 뇌를 쓸 일이 없으므로 제일 처음으로 하는 일이 자신의 뇌를 갉아먹는 것이다. 멍게는 도대체 왜 이런 끔찍한 짓을 하는 걸까?

뇌는 동물에게만 존재하는 신체기관이다. 생존과 번식이라는 절대적 목표를 향해 움직이는 것이 뇌의 존재 이유이므로 움직이지 않으면 뇌는 필요가 없다. 한국인들이 세계적으로 우수한 두뇌를 자랑하는 이유 중 하나로 혹자는 젓가락질을 꼽는다. 젓가락질은 매우 섬세한 움직임을 요하는 작업이다. 나무나 쇠로 만들어진 가는 막대기 두 개를 한 손에 쥐고 콩 한 알이나 쌀 한 톨을 집어내는 것을 보며 외국인들은 감탄을 금치 못하기도 한다. 이런 기술을 선보이는 동안 뇌는 무엇을 하고 있을까? 당연히 복잡한 신경과 근육의 움직임을 조율하며 협조를 하는 중이다. 이런 운동을 일상적으로 하는 뇌가 다른 뇌보다 더 활성화가 되는 것은 당연한 일이다.

우리는 흔히 뇌가 생각을 담당하는 부위라고 알고 있지만 과연 그럴까? 눈을 감고 돌고래를 떠올려보라. 당신의 뇌는 지금 무엇을 상상하고 있는가? 머릿속에 푸른 바다를 유영하고 있는 돌고래를 떠올리고 있다면 그것은 나 때문이다. 당신의 뇌에 돌고래를 떠올리라고 명령한 것은 당신이 아니라 나다. 뇌는 당신의 것이지만 그 뇌에 명령어를 입력한 사람은 다른 이가 될 수도 있다는 것이다. 만일 당신이 나를 싫어하고 심지어 미워한다고 할지라도 내가 "돌고래를 떠올려보세요."라고 하는 순간 당신의 뇌는 자동적으로 돌고래를 상상한다.

그렇다면 "갑자기 단순한 명령어를 듣게 되는 상황은 어쩔 수 없다고 해도 복잡한 생각을 해야 하는 문제라면 당연히 내가 주도적으로 뇌를 움직이게 되지 않을까요?"라고 반문할 수 있을 것이다. 이런 경우는 어떤가?

버스를 탔는데 버스기사가 퉁명스럽게 당신을 맞이했다. 당신은 속으로 '아니, 뭐 이렇게 불친절한 버스기사가 다 있어. 기분 나쁘게.'라고 생각할 것이다. 당신에게 이런 생각이 들게 만든 것은 당신 자신인가? 아니다. 버스기사의 행동이 방아쇠를 당긴 것이다. 그렇게 회사에 출근을 하고 났더니 신입 직원이 당신을 향해 활짝 웃는 얼굴로 "선배님, 좋은 아침입니다. 커피 한 잔 드릴까요?"라고 반갑게 인사를 했다. 그 순간 버스기사 때문에 언짢았던 마음은 어디론가 사라지고 그 신입 직원을 보며 '아침부터 상큼한 미소를 보니 좋다.'는 생각을 하게 될 것이다. 그러면 이 생각은 어디에서부터 온 것인가? 당신에게 웃는 얼굴로 인사를 건넨 그 신입 직원이 무슨 생각을 하며 하루를 시작했는지는 알 수 없지만 그의 생각이 당신의 생각에 영향을 미친 것이다.

끊임없이 타인과 교류하는 우리의 일상을 되짚어보면 대부분 우리는 스스로의 생각을 생각하는 것이 아니라 누군가의 영향을 받아, 혹은 누군가의 명령을 받아 생각을 하고 있다. 결국 우리는 본능적으로 타인의 생각을 생각하며 살고 있고 타인 때문에 생각을 하게 되는 피동적인 존재인 것이다. 그러나 여기서 결코 간과해서는 안 되는 점은 우리가 타인의 생각만 생각하는 것이 아니라 스스로의 생각도 생각할 수 있는 능력이 있다는 것이다.

남의 머릿속을 아무리 궁금해해도
내가 바꿀 수 있는 것은 내 생각뿐이다

　누군가와의 관계에서 상처를 받을 때 우리는 그 사람이 무슨 생각을 하는지 알려고 하고, 그 사람의 생각을 바꾸려고 노력한다. 그러나 이것은 불가능한 일이다. 내가 그 사람이 아닌데 어떻게 내 뜻대로 남의 생각을 좌지우지할 수 있겠는가? 내 힘이 미칠 수 있는 것은 오직 내 생각뿐이다. 스스로의 생각을 바꾸는 것만이 상처에서 해방될 수 있는 길이다.

　우리는 스스로 원하지 않는 많은 것을 생각하며 살아간다. 자신에게 나쁜 영향을 미칠 생각을 자청할 사람은 없다. 타인의 영향으로 인해 나의 뇌가 움직이는 것을 막으려면 부정적인 생각이 들 때 그 생각에서 관심을 거두는 것이다. 사랑하는 사람만 보고 살기에도 인생이 짧은 것처럼 내가 원하는 것만 집중적으로 생각하고 살기에도 바쁘다. 세상과 단절한 채 살아갈 수는 없으니 남의 생각을 생각하는 상황에서 완전히 자유로울 수는 없겠지만 적어도 나 혼자 생각하는 시간만큼은 온전히 나를 위한 생각에만 집중하자.

　그러나 내가 상처를 받는 입장일 경우 나의 생각을 바꿈으로 상처에서 벗어나는 것도 중요하지만 상처를 주는 입장이 되었을 때를 간과해서도 안 된다.

식탁에 앉아서 놀던 아이가 실수로 주스 잔을 엎질렀다. 그런데 한창 외출 준비로 분주하게 왔다 갔다 하던 엄마의 하얀 옷에 주스가 묻고 말았다. 엄마는 오만 인상을 쓰면서 아이에게 짜증난 목소리로 소리를 질렀다.

"너 진짜 이럴래? 정신 똑바로 안 차릴 거야? 엄마가 조심하라고 했어, 안했어? 이거 오늘 꼭 입어야 하는 옷인데 너 때문에 오늘 일정을 다 망치게 됐잖아!"

"죄송합니다…… 잘못했어요……."

아이는 고개를 푹 숙인 채 눈물을 뚝뚝 떨구다가 자기 방으로 들어갔다.

엄마가 망쳐버린 건 과연 무엇이었을까? 엄마가 계획하고 있던 하루 일정과 아이의 마음, 두 가지 전부다. 그러나 이 둘 중에 무엇이 더 중요한 것일까? 답은 이미 정해져 있고 우리 모두가 알고 있다.

엄마가 그날 입으려고 했던 옷은 이미 주스 자국으로 얼룩이 져서 망쳐버렸지만, 그 순간 아이의 마음은 망쳐지기 전이었다. 그 찰나의 엄마의 선택이 두 가지를 모두 망치느냐, 하나만 망치는 선에서 끝나느냐를 결정한다. 풀이 죽은 모습으로 아이가 방으로 들어가고 나서야 엄마는 너무 심한 말을 한 건 아닌지 자책할지도 모른다. 이렇게 우리는 모든 것을 망치고 나서야 무엇이 더 중요한 것인지를 깨닫게 된다. 그런 뒤늦은 후회의 지옥과 천국을 연결하는 다리의 이름이 바로 '생각을 바꿨더니'다.

내가 내 생각을 다 모르듯 남도 마찬가지다. 그런데 그들도 다 모르는 그들의

생각을 생각하느라 괴로움을 느낀다면 이상한 일이 벌어지고 있는 것이다.

자신의 생각을 생각하라. 남의 머릿속에서 자신의 머릿속으로 건너와라.

지옥에서 천국으로 오는 그 다리의 이름은 '생각을 바꿨더니'이다.

가장 중요한 것은
눈에 보이지 않는다

　1974년 여성 천문학자인 벨라루딘은 풀리지 않는 의문과 씨름을 하고 있었다. 우주는 무한하고, 계속해서 팽창하고 있다는 것은 이미 밝혀진 사실인데 왜 은하는 서로 흩어지지 않고 그대로 뭉쳐 있는 것일까? 여성의 능력이 제대로 인정받지 못하던 시절, 당시로서는 보기 드문 여성 천문학자의 이러한 학자적 호기심은 그리 환영받지 못했다.

　무시와 냉대에도 불구하고 벨라루딘은 한 가지 가설을 세웠다. 은하의 한가운데에 은하들을 흩어지지 않도록 하는 강력한 중력을 가진 '암흑물질'이 존재하는데 이것이 은하에 있는 별들을 흩어지지 않도록 끌어 모으고 있다는 것이다. 이후 과학은 눈부신 발전을 거듭해오며 은하의 질량을 계산해내는 수준에 이르렀다. 그리고 아주 이상한 것을 발견했다. 눈에 보이는 것의 질량이 보이지 않는 것의 질량에 비해 말도 안 되게 작은 부분을 차지한 다는 것이다. 보이지 않는 것들이 전 우주에서 차지하는 부분이 96%에 달하고, 보이는 것은 겨우 4%에 지나지 않았다. 그러나 이 러한 '나노'의 세계 역시 인간의 눈에 보이지 않는 것일 뿐, 실질적 으로는 이 세계에 엄연히 질량을 가지고 '존재하는' 물질을 대상 으로 한다. 그렇다면 눈에 보이지도 않고 이 세계에 아무런 질량 도 가지지 않는 것들은 어떤 의미가 있을까?

가질 수 있으려면 눈에 보이는 것이라야 한다. 눈에 보이지 않는 것은 가질 수 없다. 누구 한 사람이 온전히 가질 수 없는 것은 귀한 것이다. 그래서 어떤 이들은 눈에 보이는 물질보다 정신적 가치나 자존심과 신념처럼 눈에 보이지 않는 것들을 지키고 추구하기도 했다. 당장 배를 곯아도 그런 '멋'이 더 중요했던 시대가 분명히 존재 했고, 그런 사람들이 이룬 사유의 수준은 인류의 위대한 문화유산 으로 남아 있다. 그러나 점차 물질이 가치 기준의 중심이 되기 시작 하면서 어떠한 숭고한 영혼을 가지고 있다 하더라도 물질적인 부를 갖추지 못하면 인정받지 못하는 시대가 되고 말았다. '배고픈 소크 라테스'가 '배부른 돼지'를 위해 일하는 것이 지금의 사회다.

자신과 가족의 생계를 해결하고 미래를 위해 재화를 축적하는 것이 대다수 평범한 이들의 생의 목표가 되었다. 돈은 단순한 상 품의 교환기능에서부터 점점 진화하여 돈이 돈을 만들어내는 단계에 이르렀고, 이제는 그 자체가 목적으로 변모해가고 있다. 이렇듯 눈에 보이고 손에 쥘 수 있는 돈을 위해 우리는 하루하루를 치열한 경쟁 속에서 불태운다.

그러나 과학문명이 눈부신 속도로 발전해가면서 그 '돈'조차도 점점 '눈에 보이지 않는 것'의 범주로 이동하고 있다. 일상생활에서 지갑을 열고 실제로 지폐와 동전을 꺼내서 쓸 일이 몇 번이나 있는가? 커피 한 잔을 사도 카드로 계산을 하고 매달 받는 급여 역시 온라인으로 입금된다. 은행을 갈 필요도 없이 인터넷 상에서 확인하는 은행계좌의 숫자가 '화폐'다. 이렇게 '돈'의 실체가 더 이상 눈에 보이지 않는 시대가 되었다. 전산망을 통해 돌아다니는 숫자로 존재하는 '돈'은 더 이상 질량이 없는 존재가 되었음에도 불구하고 돈에 대한 믿음과 욕망만큼은 과거의 그 어느 시대보다도 커졌다.

이 돈을 쫓는 사람들의 마음이 바로 돈이 가진 진정한 힘이다. 눈에 보이지도 않고 질량도 없지만 엄연히 이 세상에 존재하는 우리의 생각, 즉 인식은 측정이 불가능한 힘을 지니고 있다.

내가 어떻게 생각하느냐에 따라
존재의 가치가 결정된다

어느 날 당신은 지인에게 어떤 사람을 소개를 받았다. 그는 당신과 인사를 나누는 동안 눈을 쳐다보는 대신 좌우로 부산스럽게 눈동자를 굴렸고 당신이 내민 손을 대충 잡았다 놓았다. 당신은 나름 마음을 다스리고 무례한 상대방을 용서하려고 애를 쓰며 속으로 '참 매너가 없는 사람이군.'이라고 생각한다.

사실 상대방은 당신과 만나기 직전에 급한 전화를 받고 생각이 많은 상태였고, 서둘러 인사를 끝내고 가야 할 곳이 있었다. 그러나 이런 사정은 더 이상 중요하지 않다. 당신에게 그는 그냥 '매너가 없는 사람'일 뿐이다. 진실로 그가 매너가 있는 사람인지 없는 사람인지는 의미가 없다. 그는 이제부터 당신에게 '매너가 없는 사람'으로 존재하게 될 것이기 때문이다.

남들이 그저 그렇다고 평가한 영화가 당신에게 큰 울림을 가져다주었다면 그 영화는 당신의 세상 속에서 평생 기억할 만한 작품으로 존재한다. 다이아몬드는 매우 값비싼 물질이라는 것이 사회 공동의 인식이다. 하지만 아기에게 다이아몬드는 일단 입에 넣고 우물거려보아도 먹을 수 없는 물건일 뿐이다. 이렇게 세상 만물은 사람들 저마다의 인식을 통해 존재의 의미와 무게를 갖는다.

생각하는 주체인 '나'의 생각이 모든 것의 '존재'를 결정한다. 그 존재는 나의 세계 안에서의 존재를 의미한다. 이 생각의 주체가 따르는 원리는 매우 단순하다. 스스로에게 이로운 쪽으로 생각하는 것이다.

상대방이 자신의 기분을 상하게 했기에 '매너 없는 사람'으로 생각하고 자신의 세계 안에 그런 존재로 남겨둔다고 해서 문제가 될 것은 없다. 그러나 이런 직관적인 판단에 머물러서 나의 세계 안에 굳이 그런 의미 없는 존재를 둘 필요가 있을까? 상대방을 '매너 없는 사람'으로 남겨두느니 다음번에 다시 만날 일을 생각하고 '뭔가 그럴 만한 이유가 있겠지.'라고 상대방의 행동에 스스로 변명을 붙여주는 편이 나를 위해 더 나은 판단이다. 그래야 그가 나의 세계 안에 존재할 만한 가치를 갖게 되기 때문이다.

낡고 고장이 잦은 중고차를 몰고 다닌다는 사실에는 차이가 없지만 '그래도 제법 잘 굴러가주어 고맙고 기특한 차'라고 생각하는 사람과 '언제 길바닥에서 퍼질지 모르는 골치 아픈 똥차'라고 생각하는 사람, 둘 중에 누가 더 오래 차를 몰고 다니게 될까? 우리의 인식은 눈에 보이지 않는 생각일 뿐이지만 이렇듯 물질세계에도 중대한 영향을 미치고 있다.

한 정신과 의사와 이야기를 나누다가 우리가 의견 일치를 본 결론은 '모든 병은 정신에서 나오는 정신병'이라는 것이었다. 심지어 교통사고조차도 그 원인을 찾아 들어가다보면 누군가의 주의력 결핍이 불러온 참사일 가능성이 매우 높다. 감기처럼 사소하고도 흔한 병의 원인도 결국은 피로의 누적과 면역력 저하, 혹은 공공장소에서 배려심이 부족한 누군가로 인해 퍼진 바이러스 때문일 수 있다. 그런데 사람들이 이것을 보기 시작하는 때는 보이지 않는 것들이 눈에 보이는 결과를 드러낼 때이다. 그러고 나면 보이는 것들로 어떻게든 문제를 해결해보려고 애쓴다. 아이러니한 일이 아닐 수 없다. 보이지 않는 것에 기인한 문제를 풀기 위해서는 보이지 않는 것을 바꿔야 하는데 말이다.

　　모든 이들에게는 저마다의 세상이 존재한다. 그것은 우리 각자가 주변에 존재하는 물질들과 모든 현상들을 나름대로 해석하는 능력이 있기 때문이다. 그래서 내가 어떻게 받아들이고 어떤 의미를 부여하느냐에 따라 현실은 변한다. 그저 내 마음속에서만 변하는 것이 아니라 실제로도 변하게 된다. 내가 그렇게 생각하고 그렇게 원하고 그렇게 믿기 때문이다.

　　시인 박노해는 "세상에는 두 가지 믿음이 있다. 힘의 감동을 믿는 사람과 감동의 힘을 믿는 사람. 세상에는 두 가지 힘이 있다. 힘을 사랑하는 자와 사랑의 힘을 가진 자. 그 마음으로부터 모든 것이 시작되고 모든 것이 달라지니."라고 했다. 생각과 마음은 어떻게 쓰느냐에 따라 인간이 가진 가장 큰 무기가 될 수 있다.

오늘의 마음사용법

인간의 두려움은 눈에 보이지 않는다. 그런데 보이지 않는 곳에서 시작한 두려움이 보이는 것으로 드러나는 순간 우리는 착각에 빠진다. 그것이 마치 보이는 것으로부터 잉태된 것처럼 말이다.
보이지 않는 것을 바꿔야 보이는 것이 바뀐다.
두려움이 시작된 마음을 바라보라.

지금 생각을 하고 있는 것은 나일까, 나의 뇌일까

나는 많은 사람들에게 이런 질문을 하곤 한다.

"당신의 삶에서 후회되는 순간이 있었나요?"

그런데 그들의 대답에는 공통점이 한 가지가 있다. 모든 후회는 과거에 일어난 일에 대한 것이었다. 공통점이라고 하기에도 민망한, 너무나 당연한 얘기라고 생각할지 모르지만 나에게 그것은 당연한 것이 아니다. 우리는 어떤 행동 후에 그 결과를 눈으로 보고 난 뒤에야 후회를 한다. 그 행동을 하는 순간에는 나중에 후회를 하게 될지 어떨지 알 수 없다.

1979년 UC 데이비스 대학의 생리학 교수인 벤자민 리벳_{Benjamin Libet}은 아주 특별한 실험에 도전했다. 자유의지의 존재를 과학적으로 검증하기 위한 실험이었다. 그는 EEG라고 하는 뇌전도계를 피실험자의 머리에 설치하고 EMG라고 하는 근전도계를 몸에 설치한 후 버튼을 누르고 싶은 생각이 드는 순간에 버튼을 누르게 했다. 그리고 양쪽의 시차를 기록했다. 실험이 반복되면서 의외의 결과가 나타났다. 의식에 비해 행동이 늘 5분의 1초 정도 앞서서 일어나는 것이었다. 이 실험은 뉴로사이언스 학계에 논란의 불씨를 당겼으며 그 결과 유명한 말을 남기게 되었다. "우리의 의식은 한 번도 의사결정과정에 참여한 적이 없다."는 것이다.

의학계에 보고된 바에 따르면 우리의 뇌뿐만 아니라 심장도 의식을 가지고 있다고 한다. 뇌가 위험을 인지하기 전에 심장이 먼저 위험이 닥치는 것을 감지하고 빠르게 뛰기 시작한다는 것이다. 이 실험은 시사하는 바가 크다. 행동이 의식에 앞서는 것이 어쩌다가 가끔 일어나는 것이 아니라 평생 늘 일어나는 일이라는 것을 말해주기 때문이다. 결국 우리는 필연적으로 행위가 일어나고 난 뒤에야 그것을 인식하고, 행위가 어떤 결과를 초래한 뒤에야 그것을 후회하면서 객관적인 판단을 하게 되는 존재라는 것이다.

그러나 우리가 어떤 행동을 하는 데는 단순히 '하고 싶다'는 감정만 관여하는 것은 아니다. 뇌는 계획을 하고 실행순서를 정하고, 그다음에 우리는 그에 따라 행동을 한다. 때로는 계획의 결과를 예측해보고 계획을 수정하기도 한다. 그런데 이 모든 과정의 대전제는 뇌가 사고를 한다는 것이다. 과연 뇌는 우리가 상식처럼 알고 있는 대로 생각하고 기억을 저장하는 역할을 수행하고 있는 걸까?

1980년 영국 셰필드대학교 재단병원에 마크라는 이름의 남자가 찾아왔다. 머리가 너무 커진 것 같다는 것이 이유였다. 그런데 그의 뇌 CT를 촬영한 담당의사 존 로버는 경악을 금치 못했다. 뇌가 있어야 할 자리에 뇌척수액밖에 없었던 것이다. 뇌척수액을 합한 뇌의 무게는 고작 300그램밖에 되지 않았다. 그는 심각한 뇌수종에 걸린 상태였다. 사실상 마크는 뇌가 없는 것이나 마찬가지였다. 그런데 그보다 더 놀라운 것은 그의 지능이 126으로 평균보다 높았고, 명문 셰필드대학교 수학과에 재학 중이었다는 사실이었다.

존 로버는 이와 비슷한 경우가 또 있을지도 모른다는 생각에 다른 뇌수종 환자들을 조사해보기로 했다. 그 결과는 매우 놀라웠다. 조사대상자 600명 가운데 60명이 뇌의 95%가 없는 상태였지만 그중 절반은 너무나 정상적인 생활을 하고 있었다. 이 연구 결과는 1980년 〈사이언스〉지에 '당신의 뇌는 꼭 필요한가'라는 제목으로 실렸다.

과거의 경험에 생각을 가두면
미래를 위한 선택을 할 수 없다

　우리 몸을 구성하고 있는 세포의 평균수는 100조 개 정도라고 한다. 이 세포 하나하나에는 인류의 탄생에서부터 현재에 이르기까지 수만 년에 걸친 진화의 과정 속에 축적된 정보들이 저장되어 있다. 의식이 감지해내지 못하는 이러한 정보들이 무의식중에 우리의 행동의 방향을 결정하기도 한다. 우리가 감정에 의해 행동을 하거나 생각대로 행동하고 있다고 생각하더라도 실은 행동이 늘 한 발 앞서 있다. '뇌는 폼으로 달고 다니느냐.'와 같은 통박과 '생각을 하면서 살면 후회할 일이 줄어든다.' 같은 충고는 결국 실행이 불가능한 소리가 되는 것이다. 어차피 후회는 하게 되어 있다.

　그리고 우리의 뇌는 '터널 시야'라는 것을 가지고 있어서 과거의 자신의 경험에서 중요하다고 생각되는 것만을 저장한다. 사람에게 배신을 당한 쓰라린 기억이 크다면 누군가를 믿는 데 주저하게 되고 자전거를 타다가 크게 다친 경험이 있다면 다시 자전거를 타게 되기까지 시간이 걸린다. 우리가 결정을 해야 할 대상은 당장 일어날 일과 미래에 일어날 일들이지만 그 판단의 근거가 되는 것은 늘 과거의 경험뿐인 것이다. 그래서 '원하는 대로 산다'거나 '생각하는 대로 산다'는 것은 쉽지 않다. 미래를 과거의 연장선상으로만 보기 때문이다. 그래서 아직 내가 살지 않은 순간들, 나에게 주어질 시간들을 빛나는 것으로 만들기 위해 내가 극복해야 할 것은 바로 한정적인 프레임 안에 가두어놓은 '지금 나의 생각'이다.

우리가 스스로 생각을 하고 있다고 자각하는 순간은 우리가 스스로의 생각을 생각하는 때이다. 생각에 집중한 자신을 바라보는 또 하나의 의식이 존재하는 셈이다. 그래서 어떤 이는 우리의 뇌가 단순히 안테나의 역할을 할 뿐이고 우리의 진짜 의식은 우주에 있다고 보기도 한다. 이것을 '내 안의 또 다른 나의 목소리'를 듣는다거나 신과 대화를 나눈다거나 하는 체험으로 받아들이는 사람들도 있지만 사실 이 모든 것은 현존하는 나의 의식들 간에 일어나는 일이다.

우리의 뇌는 생각의 근원이라기보다 생각을 확장시키는 증폭기에 가깝다. 뇌는 무수한 자극과 과학적으로 모두 증명되지 않은 알 수 없는 신경계의 연결체, 기억과 저장된 정보 등을 바탕으로 생각을 형성하고, 그 생각을 바탕으로 선택을 하며 결정을 내린다. 우리의 행동은 의식에 앞서 이루어지므로 완벽하지 않으나 우리가 하는 선택은 생각의 결과를 반영할 수 있다. 그 생각은 나의 것이어야 한다. '지금의 생각'을 과거에 가두지 않고 자신의 생각을 집중하여 생각할 수 있어야 한다. 그것이 매 순간의 선택이 우리의 삶을 진정한 자신의 것으로 만들어갈 수 있는 유일한 방법이다.

많은 사람들이 점을 보러 가는 것에 대해 묻는다. 그때마다 나는 절대로 가지 말라고 한다. 왜냐하면 점이 맞다면 운명을 바꿀 수 없으므로 갈 필요가 없고, 점이 틀리다면 더더욱 갈 필요가 없다.

점을 보러 가는 대신 마음을 공부하라. 마음공부를 하면 당신 운명의 주인이 될 수 있다. 당신이 점을 보러 가는 이유도 그것 때문이 아닌가?

자신의 호랑이를 다루는
조련사가 되어라

한 번은 파주에 갔다가 어느 초등학교에 걸려 있는 현수막을 보고 깜짝 놀란 적이 있었다. 그 현수막에는 '나를 이끄는 어린이, 세상을 이끄는 어린이'라고 쓰여 있었다. 초등학생들이 제대로 이해하기에는 너무 심오한 슬로건이 아닌가 말이다. 단순히 해석하자면 자신을 이끌 수 있는 사람이 세상을 이끌 수 있다는 뜻이다. 자신을 제대로 이끌려면 자신에게 끌려 다녀서는 안 된다.

아침에 시끄럽게 울려대는 자명종 소리에 눈을 뜨고 나면 자명종을 끄고 도로 포근한 침대 속으로 들어가서 조금만 더 자자는 꼬드김과 천근만근처럼 느껴지는 눈꺼풀을 억지로 들어 올리고 그만 일어나야 한다는 잔소리가 머릿속에서 싸움을 시작한다. 꼬드김에 넘어가서 약속시간에 늦거나 회사에 지각을 할 수도 있고 잔소리에 굴복해서 눈을 반쯤 뜬 채로 세수를 하러 욕실로 갈 수도 있다. 이것이 바로 '이끄는 나'와 '이끌리는 나'이다. 이끄는 나와 이끌리는 나 사이의 싸움은 쉴 새가 없다. 그래서 모든 순간이 전쟁이다.

사춘기 아들과 아빠가 한창 말씨름을 벌이다가 아들이 방문을 쾅 닫고 들어간 뒤 문을 걸어 잠근다. 화가 난 아빠는 아들의 버릇을 고쳐주겠노라며 아들의 방문을 부서져라 두드리는데 막상 문이 열리고 난 뒤 눈물을 뚝뚝 떨구고 있는 아들의 모습을 보자 매가 답이 아니라는 사실을 깨닫는다. 그래서 그는 아들에게 최대한 침착한 목소리로 이렇게 말한다.

"너 오늘 호랑이가 나왔구나. 네가 네 호랑이를 못 다스리면 아빠가 다스리게 될 텐데, 그러면 네 호랑이는 아빠의 노예가 되는 거야. 하지만 네가 네 호랑이를 다스리게 된다면 세상을 다스리는 법을 알게 될 거야. 오늘은 우리가 서로의 호랑이를 어떻게 다스리는 게 가장 지혜로운 것인지 깊이 생각하는 하루가 되자."

우리 삶의 목표는 본능에 충실한 자신만의 호랑이를
길들이는 훌륭한 조련사가 되는 것이다

우리는 누구나 호랑이를 가지고 있다. 호랑이는 바로 우리 자신이다. 호랑이는 본능에 따라 반응을 한다. 호랑이가 가장 쉽게 깨어나는 순간은 결핍을 느낄 때다. 무언가 부족하다고 느끼는 이 본능적인 '느낌'만으로 호랑이는 포효한다. 불평하고 화를 내고 억지를 부리고 아프다고 울부짖는다. 호랑이는 뒤돌아 곱씹지 않고 두 번 생각하지도 않는다. 마음에 감정이 출렁대는 것만으로 호랑이는 각성하고 즉각적으로 반응을 한다. 인간은 누구나 본능에 충실한 육체를 가지고 있으므로 우리는 저마다의 호랑이를 데리고 살아야만 하는 운명이다.

호랑이가 원하는 것은 단순하다. 배부르게 먹고 싶고 따뜻하고 편안하게 있고 싶고 사랑을 받고 싶어 한다. 그래서 불편하고 부족하고 남과 비교해서 내가 뒤처지는 것에 민감하다. 그러나 우리에게 호랑이만 있는 것은 아니다. 이런 호랑이를 길들이는 조련사도 있다.

호랑이가 본능적인 우리의 육신이라면 조련사는 보다 깊은 '자각'이 필요한 우리의 정신이다. 우리 안에는 호랑이와 조련사가 나란히 존재한다. 그런데 호랑이는 수시로 활보하고 다니지만 조련사는 스스로를 '자각'해야 한다. 자신의 호랑이를 스스로 다스릴 수 있다는 조련사로서의 각성이 있어야 눈을 뜨게 되는 것이다. 조련사를 깨우는 것은 쉽지 않다. 그러나 일단 조련사가 활동을 시작하고 나면 우리는 '호랑이를 조련하는 조련사'로서 완전한 '나'로 살아갈 수 있게 된다. 진정한 나는 호랑이나 조련사가 아니라 호랑이와 더불어 살아가는 조련사이다.

조련사로서의 자각이 없다면 우리는 진짜 '나'를 만난 적이 없는 것이다. 그리고 겉으로 드러나는 게 나라고 생각하고 살아간다. 걸핏하면 화가 올라와서 참지 못하는 사람은 자신이 화가 많은 사람이라고 생각하고, 우울한 생각이 자꾸 드는 사람은 자신이 우울한 사람이라고 생각하고, 물건을 갖고 싶은 충동을 참지 못하고 자꾸 무언가를 사는 사람은 자신이 낭비벽이 있는 사람이라고 생각한다. 그러나 이렇게 본능을 통제하지 못하고 나타나는 현상은 그 현상 자체에 원인이 있는 것이 아니라 조련사가 제대로 눈을 뜨지 못했기 때문이다.

조련사가 각성을 해서 호랑이로 하여금 진짜 '나'의 주인이 누구인지를 깨닫게 해주고 결핍을 못견뎌하는 호랑이를 길들이는 것만으로 결핍이 꼭 불행으로 이어질 필요가 없게 되고 불필요한 욕심을 부리거나 과한 기대를 하지 않게 된다. 자신에게 아무런 득이 되지 않을 상처를 스스로에게 주는 일이 없어지면 우리가 삶에서 덜어낼 수 있는 불행의 양은 상당할 것이다.

우리는 일상에서 시도 때도 없이 튀어나와서 나를 쥐고 흔드는 호랑이와 이를 길들이려는 조련사의 싸움을 하고 있다. 결국 우리 삶의 미션은 남과의 싸움에서 이기는 것이 아니라 자신의 호랑이를 잘 조련하는 '훌륭한 조련사'가 되는 것이다. 남과 싸워서 이기는 것이 아니라 자신의 호랑이를 잘 다스리는 자가 진정

한 승자가 되기 때문이다. 그런데 어떻게 하면 훌륭한 조련사가
될 수 있을까?

'흙수저' 호랑이가 '금수저' 호랑이보다 더 많이 가진 것은 불운이 아니라 진정한 성장의 기회다

사람마다 호랑이의 모습은 제각각이다. 부족한 게 많아서 화
를 잘 내는 난폭한 호랑이부터 사랑을 받지 못해서 사랑받는 사
람들을 유난히 질투하는 질투심 많은 호랑이, 배고픈 것을 참지
못해서 음식만 보면 시도 때도 없이 먹어대는 식탐 많은 호랑이,
머릿속에 떠오른 말을 아무 생각 없이 입 밖으로 내뱉는 수다쟁
이 호랑이 등 본능에 충실한 호랑이는 서로 다르게 모습을 드러
낸다. 그중에는 물론 아무런 부족함도 없이 자란 순하디순한 호
랑이도 있다. 흔히 '금수저'로 분류되는 태생의 사람들이다.

그러나 금수저 호랑이에게도 위험은 있다. 살다가 혹시라도 그
금수저를 떨어트리는 날이 오면 금수저에 의존해서 살아온 만큼
절망하여 스스로를 해치게 되기도 한다. 부유한 가정에서 태어나
서 모자란 것을 모르고 살다가 어느 날 갑자기 사업이 부도가 나
거나 가세가 기울어 가난이 찾아오면 난생처음 '결핍'을 경험하게
된 호랑이는 더 이상 순할 수만은 없다. 오히려 다른 호랑이들보
다 가벼운 결핍에도 더욱 예민하고 난폭한 반응을 보인다. 호랑이

는 어쩔 수 없는 호랑이기 때문이다. 그런데 운이 좋아서 끝까지 금수저를 놓치지 않고 살아간다고 해도 결코 좋은 것만은 아니다. 그러면 호랑이가 깨어날 일이 없기에 스스로를 조련사로 단련할 기회도 없게 된다. 진짜 자신의 진면목을 만날 기회를 갖지 못하고 삶을 다하게 되는 것이다. '훌륭한 조련사가 되는 것'이 삶의 목표라면 이것은 목표를 갖지 못한 삶이나 마찬가지다.

그래서 삶은 몹시 불공평하면서도 한편으로는 공평한 것이다. 사람들은 누구나 훌륭한 조련사가 되고자 한다. 불공평한 환경과 사회의 어느 지점에서 살아가고 있든지 우리가 궁극적으로 추구해야 할 것은 이 하나의 목표이다. 그런데 풍요롭고 순탄한 삶을 사는 사람들일수록 조련사가 각성할 기회는 적어지고 거친 호랑이를 데리고 태어난 사람들일수록 조련사가 각성할 기회가 많아진다. 부족한 것이 많은 인생일수록 스스로 훌륭한 조련사가 될 확률이 더 높아지는 것이다.

살다가 잦은 암초를 만날 때 사람들은 왜 나만 사는 게 이렇게 힘이 드느냐고 한탄을 한다. 그러나 암초는 나에게 기회다. 조련사는 오직 호랑이가 깨울 때만 눈을 뜬다. 호랑이가 조련사를 깨우는 경우는 두 가지다.

첫째는 자신이 감당할 수 없는 일을 만났을 때, 시련이나 고통, 고난과 좌절, 외로움이 너무나 클 때 어찌할 바를 몰라 당황한 호랑이가 포효를 하게 되고 조련사가 깨어난다.

살면서 우리를 성장시키는 건 성공이나 행복이 아니다. 스스로 한 뼘 자랐다고 느낄 때는 극복하기 힘들 정도로 어렵고 괴로운 장애물을 넘어서는 순간이다. 우리의 일상을 무너뜨리고 고통으로 몰아넣는 일이 우리를 살찌우는 자양분이 되는 것이다. 반대로 말해서 우리의 마음을 한없이 편안하게 만들어주고 위안을 주는 것들이 지나치게 지속되면 오히려 그것이 우리를 제자리걸음하게 만드는 요인이 될 수 있다. 안주하고 싶어지기 때문이다.

안정된 삶은 누구나 바라는 것이겠지만 때로 벼린 칼날 위를 아슬아슬하게 걸어야 하는 순간이 올 때 불평을 할 것이 아니라 감사해야 한다. 비로소 신경을 바짝 곤두세우고 한 걸음 나아갈 기회를 맞게 된 것이기 때문이다. 호랑이가 거칠게 날뛰면 날뛸수록 조련사가 치러야 하는 대가도 몇 갑절은 되겠지만 마침내 호랑이를 잠재우는 그 순간에 조련사의 능력은 결코 그 이전과 같지 않을 것이다. 그것이 바로 '성장'이다. 그러나 조련사를 깨우지 못하고 호랑이만 활보하도록 내버려둔다면 그것은 시련 앞에 무릎을 꿇고 오히려 호랑이의 먹이가 되고 마는 꼴이다.

호랑이의 질문은 진정한 지혜를 찾는 조련사의 눈을 뜨게 한다

호랑이가 조련사를 깨우는 두 번째 경우는 자신이 생각하기에

벅찬 어려운 질문을 만났을 때다. 예를 들면, "삶이란 무엇인가?", "나는 누구인가?", "나의 살아가는 목적은 무엇인가?"와 같은 질문들처럼 삶의 근본을 캐는 물음들 자체가 바로 호랑이다. 정답이 없는 이런 질문들은 소리 없이 등 뒤를 덮치는 호랑이처럼 난데없이 나타나 우리를 우울의 우물 속으로 밀어 넣을 수도 있다. 그 답을 찾기 위해서는 조련사가 눈을 떠야만 하는 것이다.

사실 이런 경우에는 호랑이가 나타난 것만으로 감사해야 할 일인지도 모른다. 그것은 우리가 살면서 스스로에게 이런 질문을 던질 만큼 정신적 깊이를 갖추고 삶의 성찰을 이루며 살아가고 있다는 증거가 되기 때문이다. 당장 먹고 살기도 바쁜 일상에 쫓기다보면 사는 데 실질적인 도움도 되지 않는 이런 질문들은 대충 모른 척하거나 묻고 살기 십상이다. 그러니 이런 호랑이가 나타나 우리의 마음속을 파고들지 않으면 조련사의 능력을 발휘할 수가 없게 된다.

어려운 질문에 대한 답을 고민할 때 질문과 생각의 관계를 살펴보면 지식과 지혜의 관계를 이해할 수 있다. 지식은 밖에서 들어오는 것이고 지혜는 자신의 안에서 나오는 것이다. 밖에서 들어온 지식이 지혜가 되기 위해서는 그 지식에 의문을 가져야 한다. 보통 우리가 궁금해하는 것은 우리가 잘 모르는 것들이다. 지식에 의문을 가지기 위해서는 그것을 스스로 모른다는 것을 인정해야 한다. 그래야 무지의 자아를 만날 수 있고, 이 무지의 자아는 자신의 무지를 겸손하게 인정함으로써 질문으로 나아갈 수 있게 되는 것이다. 그리고 무지의 자아를 통해 지식에 질문이 생기면 비로소 깊은 생각에 빠지게 된다. 생각이 깊어지면 무수히 많은 가능한 답들을 만나게 되는데, 이것을 찾아내는 것이 조련사가 하는 일이다.

『법구경』에 '지식은 빗물과 같이 땅에 고이지만 지혜는 샘물처럼 솟아난다.'는 말이 있다. 지식은 표면적이다. 나에게 '고인' 지식은 겸손한 질문을 통해 내면 깊이 내려간다. 이때 호랑이가 깨운 조련사가 빗물처럼 스며든 지식들과 그동안 쌓은 경험들을 바탕으로 여러 가지 답들을 알려준다.

『명심보감』에 따르면 '한 가지 일을 겪지 않으면 하나의 지혜가 생기지 않는다.'고 한다. 어떤 일에 성공을 하든 실패를 하든 그 일을 계기로 우리는 무언가 하나의 깨달음을 얻게 된다. 이러한 개인적 경험에서 얻는 지혜와 선인先人들이 축적해놓은 것을 전수받은 선험적 지혜가 생각의 층이 되어 지식의 불순물을 제거하고 근원에 다다른 지식은 순수한 샘물로 다시 솟구쳐 올라온다. 이것이 바로 진정한 지혜이다.

지식은 넘쳐나는 세상이나 지혜는 귀하다. 지식은 아무리 많이 쌓아도 기억이 없어지면 한순간에 잊어지지만 지혜는 한 번 생겨난 것으로 영원하다. 지식은 틀에 맞아야 진리가 되지만 지혜는 어떠한 틀에도 맞출 수 있다. 지식은 배움의 결과이나 지혜

는 배우지 못한다. 지식은 인식하고 지혜는 깨닫는 것이다. 지식
은 맞고 틀리는 것을 가리고 지혜는 옳고 그름을 가린다. 조련사
가 눈을 떴을 때 지식은 지혜가 되는 것이다.

내가 강의하는 마법학교에서 마음공부를 하는 어떤 분의 고백이다.

"초등학생과 다섯 살짜리 아이가 있습니다. 이곳에서 마음공부를 했는데도
어느 날 이 다섯 살짜리가 제 분노를 끌어냈어요. 한 번만 더 칭얼거리면 폭
발하기 직전이었는데 그 녀석이 다가와서 울면서 이러는 거예요. '엄마, 제
호랑이가 나왔나 봐요.' 그래서 깜짝 놀랐어요. 다섯 살짜리가 이해하기 힘
든 이야기일 거라고 생각했는데 다 알아들었더라고요."

삶 속에서 호랑이와 조련사를 구분하는 것은 매우 중요한 일이다.

이것을 시작으로 여러분은 이미 마음 전문가가 된 것이다.

행복해지고 싶을수록
불행해진다

강의 중에 나는 자주 '화'에 대해서 이야기한다.

"화가 나면 어떻게 되나요?"

사람들은 당연한 듯이 대답을 한다.

"그야 불행해지죠."

그러면 나는 다시 묻는다.

"그럼 왜 화가 날까요?"

사람들은 잠시 생각에 잠겼다가 이렇게 말한다.

"상처를 받으니까 화를 내는 거예요."

"왜 상처를 받을까요?"

"그야 실망을 했기 때문이죠."

"왜 실망을 할까요?"

"음…… 뭔가 기대를 했는데 그게 충족이 되지 않아서가 아닐까요?"

"그렇군요. 그러면 그 기대를 한 건 누구죠?"

사람들은 무언가 깨달은 표정으로 나를 쳐다본다.

"제가 한 거죠……."

"그렇다면 당신을 불행하게 만든 건 누구인가요?"

그러면 사람들은 가슴에 손을 올리며 대답한다.

"아…… 저였네요."

우리의 기대의 범위는 어디까지일까? 기껏해야 자기 자신과 주변 사람들, 그리고 자신을 둘러싼 환경 정도가 아니겠느냐고 말하는 이들에게 나는 묻는다.

"별똥별들이 쏟아지듯 떨어지는 유성우가 일어날 거라고 해서 밤잠을 설쳐가며 하염없이 기다렸는데 별똥별이 떨어지지 않으면요? 투표를 잘하면 세상이 바뀔 거라 그랬는데 여전히 뻔뻔하고 부패한 정치인들에 대한 뉴스가 쏟아지는 걸 보면 기분이 어떠신가요? 길에서 모르는 사람이 내 발을 밟고 지나가면서 사과의 말 한마디 없는 것에 대해 화가 치밀어 오르는 게 과연 기대와 아무런 상관이 없는 일일까요?"

그러면 사람들이 대답한다.

"음, 그렇군요. 기대란 게 생각보다 아주 광범위하게 작용을 하네요. 나와는 직접적인 상관도 없는 일들까지 우리는 기대하는 마음을 품게 되는군요. 기대란 게 아주 우주 끝까지 뻗쳐 있네요."

나는 다시 이렇게 묻는다.

"그러니까 결국 우리는 우주 끝까지 실망을 하고 화를 낼 준비가 되어 있는 거랍니다. 우주 끝까지 화를 내려면 얼마나 많은 에너지가 들까요? 그럼 애초부터 기대를 하지 않으면 되지 않을까요? 도대체 기대를 왜 하는 걸까요?"

"그거야 행복해지고 싶어서죠."

그때야 비로소 나는 사람들을 쳐다보며 말한다.

"오, 그럼 정말 이상한 일이로군요. 사람들은 행복해지고 싶어서 기대를 하고, 기대를 하는 바람에 실망을 하고, 실망이 깊어서 상처가 되고, 상처를 받아서 화가 나고, 화가 나서 불행해지는 거네요. 그럼 결국 행복해지고 싶기 때문에 불행해지는 거로군요."

부족한 것은 불행한 것이 아니다

행복해지고 싶은 마음이 강할수록 불행의 빈도수가 늘어난다. 그러면 우리는 왜 행복해지고 싶은 욕구를 느끼는 것일까?

나는 강의 중에 볼펜을 꺼내 사람들에게 보여주며 묻는다.

"제가 이 펜을 갖고 싶은 마음이 들었어요. 왜일까요?"

사람들이 대답한다.

"펜이 없어서요."

"그렇죠. 나한테 없는 거니까요. 그러면 왜 행복해지고 싶은 마음이 들까요?"

사람들은 잠시 뜸을 들이다가 대답한다.

"음…… 행복하지 않아서?"

"행복하지 않아서…… 불행하다고 느끼는 거로군요. 그러면 불행하다는 생각을 갖게 될 때는 언제인가요?"

그러자 사람들은 남과 비교해서 못하다고 느꼈을 때, 실직했을 때, 잔고가 얼마 남지 않은 통장을 보며 한숨이 나올 때, 자신이나 가족이 건강을 잃었을 때 등의 답들을 쏟아낸다.

"그렇군요. 여러분들의 얘기를 들어보니 사람들은 대부분 자신에게 무언가가 부족하다고 느낄 때 불행하다고 생각하는군요."

우리가 무언가 갖고 싶은 마음이 생기는 것은 그 물건이 나에게 없기 때문이다. 우리가 행복해지고 싶은 것은 지금 이 순간 내가 불행하기 때문이다. 불행을 느끼는 순간은 너무나 다양하다. 배가 고플 때, 갖고 싶은 것이 있지만 갖지 못할 때, 사랑받지 못할 때, 존중받지 못할 때 등등 이유는 천차만별이다. 그러나 공통점이 한 가지 있다. 무언가 '부족할 때'이다.

결핍을 즉각적으로 '불행'으로 인식하는 것은 자신의 존재를 '호랑이'로 규정하는 것이다. '호랑이'로서의 자아는 어떤 자각이

나 선택이 필요치 않다. 매우 단층적이고 자연스러운 의식의 반응이기 때문이다. 그러나 내가 스스로 처한 상황에 직접 개입을 하려는 의지를 가지고 나의 존재에 대한 정의를 '호랑이'에서 '조련사'로 규정하게 되면 '조련사'가 눈을 뜨고 나의 세계에 지각변동이 일어난다.

조련사는 결핍을 굳이 '불행한 것'으로 인식하지 않는다. 그 부족한 부분을 누군가 다른 것, 혹은 다른 이가 채워줄 것을 바라지도 않는다. 결핍은 자연스러운 현상이기 때문이다. 그리고 그 결핍으로 인하여 나는 불행해지는 것이 아니라 성장할 기회를 얻게 된다. 힘들게 운동을 해야 내 몸의 세포들이 건강해지고 근육이 생기는 것처럼 내 마음 역시 부족함과 장애물을 만나면서 겸손해지고 앞으로 나아가기 위해 노력을 한다.

'피할 수 없으면 즐겨라.'라는 흔한 조언은 결핍에도 훌륭하게 통한다. 피할 수 없는 결핍을 즐겨라. 부족하다고 느끼니까 채울 게 생기는 것이다. 결핍을 불행하다고 생각하지 않으면 굳이 행복하려고 애쓰지 않을 것이고, 행복하려고 애쓰지 않으니 기대할 것도 없어지고 기대하지 않으니 실망하지도 않게 된다.

결핍은 나 자신에게서 나오는 것인데 기대에서 실망으로 이어지는 과정에는 타인이 끼어든다. 내 안의 결핍을 외부의 것에 기대어 채우려고 하기 때문이다. 그러나 내 문제의 해답을 내 안에서 찾지 못하고 밖으로 손을 벌리는 것은 불행을 자청하는 지름길이다.

내가 스스로의 힘으로 벌지 않은 행복은
행복이 아니라 지나가는 행운이다

어떤 아버지를 만난 적이 있다. 그는 형편이 어려운 가정에서 태어나 힘겹게 노력하여 결국 자수성가를 이루었다. 돈도 제법 벌어서 작은 빌딩도 몇 채 갖게 되었다. 그러나 삶과 벌인 처절한 투쟁은 훈장만을 남긴 것이 아니었다. 그에게는 아물지 않은 상처가 있었으니 바로 서른이 넘은 나이에도 '히키코모리' 즉, 은둔형 외톨이로 살아가고 있는 아들이었다.

아들이 그렇게 된 이유를 그는 잘 모른다. 원인이 무엇이었든 간에 아버지는 아들이 자신의 거울 속에 스스로를 가두도록 내버려둔 것이었다. 이제 떵떵거리며 살 만하게 되었는데 하나뿐인 아들이 방에 틀어박혀 게임만 하고 있는 모습을 보고 있어야 하는 아버지의 괴로움은 상상할 수 없는 것이었다. 그는 한탄하며 말했다.

"내가 죽고 나서도 이놈이 살아가려면 제가 돈을 더 많이 벌어놔야 해요. 그래야 방구석에만 틀어박혀 있어도 굶어죽지 않을 거잖아요?"

나는 그에게 말했다.

"아들을 집 밖으로 나오게 하려는 생각은 안하시나요?"

그러자 그는 손사래를 치며 대답했다.

"아이고, 말씀도 마세요. 전문가도 붙여보고 별의별 방법을 다 써봤는걸요. 그런데 방 밖으로 한 발자국도 나오려고 하지를 않아요."

그래서 나는 다시 물었다.

"만일 방법이 있다면 얼마의 돈을 내시겠습니까?"

그가 대답했다.

"확신만 있다면 전 재산이라도 내놓아야죠."

나는 그에게 말했다.

"전 재산을 쓰신다면 아드님이 나올 수도 있습니다. 전 재산을 내놓으실 수 있나요?"

그는 의아한 얼굴로 나를 쳐다보며 말했다.

"확신이 있어야죠, 확신이."

나는 그에게 말했다.

"당신이 전 재산을 다 써서라도 그를 방 밖으로 나오게 하려는 노력을 해야 그가 제대로 살아갈 수 있게 될 것입니다. 그런데 만일 실패를 한다고 해도 그에게는 또 다른 기회가 있습니다. 아버지가 전 재산을 써버렸으니 자신이 먹고 살려면 집 밖으로 나가 뭐라도 일을 하면서 돈을 벌어야 하기 때문입니다."

그가 말했다.

"그러다 너무 좌절한 나머지 죽는 게 낫다고 모진 마음이라도 먹으면 어떻게 하고요?"

나는 미소를 지으며 대답했다.

"당신의 아들은 당신이 생각하는 것보다 머리가 좋습니다. 자신을 괴롭힐수록 아버지도 괴로워한다는 것을 알고 있어요. 그래서 스스로를 인질로 잡고 당신에게 더 많은 것을 요구할 수 있는 것입니다. 그것이 결국에는 자신을 죽이는 일인지도 모르는 채 말입니다. 당신이 결단을 내리지 않으면 당신과 아들은 서로를 파멸로 이끄는 길로 가게 될 것입니다."

그러나 아버지는 그 어떤 결단도 내리지 못한 채 지금도 열심히 아들의 미래를 위해 돈을 벌고 있고 아들의 방문은 여전히 굳게 닫혀 있다. 지금 손에 쥐고 있는 것을 놓지 못하면 정말로 소중한 것이 있다는 것을 깨달았을 때 그것을 붙잡을 수 없다. 그것을 잡기 위해 손을 벌리면 내가 쥐고 있는 것을 놓아야 하기 때문이다.

교활한 호랑이는 지혜롭지 않아서 한치 앞만을 본다. 그래서 남을 빠트릴 함정을 파면서 자신이 빠질 수도 있다는 생각은 하지 않는다. 함정에 빠지는 것은 둘 다이다. 그 함정을 깊이 파면 팔수록 더더욱 빠져나올 수 없다. 은둔형 외톨이가 걸어 잠그는 것은 방문이 아니라 마음이다. 그 방을 열 수 있는 열쇠가 바로 이 책의 2부에서 다룰 감동력이다.

지금 행복하다고 안심해서는 안 된다. 스스로의 힘으로 만든 것이 아닌 행복은 당신의 몫이 아니다. 당신이 분에 넘치게 누리고 있는 그것은 행복이 아니라 행운이다. 그리고 그 행운은 곧 지나간다. 내가 직접 번 행복만이 진정으로 내가 누릴 자격이 있는 나의 것이다.

내가 아닌 것에 기대는 순간
내 마음에 불행의 씨앗을 심는 것과 마찬가지다

어느 날 사람들과 차 안에서 이야기를 나누다가 길가를 서성이는 개 한 마리가 눈에 띄었다. 그러자 운전하던 사람이 어떤 유기견 이야기를 꺼냈다. 주인이 개를 길에 버리고 가자 개가 그 자리에서 주인이 돌아오기를 며칠이고 기다리고 있었다는 이야기였다. 내가 물었다.

"개를 키우다가 도저히 키울 수 없는 상황이 되면 어떻게 해야 하는 거죠?"

그러자 그가 대답했다.

"그러니 애초에 개를 데려다가 키우려고 마음을 먹었을 때 이런저런 경우의 수를 잘 생각해서 선택을 해야죠."

나는 다시 물었다.

"키우려고 마음을 먹었을 때는 가족처럼 잘 돌보고 싶었는데 예기치 못한 사정이라는 게 생길 수도 있잖아요?"

그랬더니 그가 곤란한 얼굴로 대답했다.

"그럼 뭐…… 입양이라도 보내야죠."

"입양을 보낼 곳을 알아보려고 노력을 했는데 딱히 데려가줄 사람을 찾지 못했을 때는요? 그런데 당장 자신도 먹고 살 일이 막막해서 더 이상은 개를 책임질 수가 없다면요?"

그는 나를 흘끔 쳐다보더니 짜증이 섞인 목소리로 나에게 도로 물었다.

"아니, 그러면 도대체 어떻게 해야 한다는 겁니까?"

"제가 이런 질문을 하는 이유는 우리의 삶도 마찬가지이기 때문이에요. 개가 주인만 바라보고 주인에게 전적으로 기대어 살듯이 누군가에게 기대어 사는 삶의 운명은 그 유기견과 다를 바가 없습니다. 상황에 따라, 상대의 선택에 따라 끌려 다니게 되지요."

고개를 갸우뚱거리는 그를 보며 나는 말을 이어갔다.

"서로 사랑하는 남녀가 있지만 꼭 그 연애가 결혼으로 이어진 다는 보장은 없지요. 둘 중 하나가 마음이 변한다면 한쪽은 실연을 당하겠지요. 상대에게 기대는 마음이 컸던 쪽은 '버림을 받았다'고 느끼고 크게 상심할 것이고요. 물론 결혼을 할 수도 있지만 결혼을 했다고 해서 그게 전부는 아니지요. 결혼을 했는데 배우자의 변심이나 배신으로 결혼이 무너진다면 더 비참할 테니까요. 운이 좋아서 노년까지 행복한 결혼생활을 유지한다고 해도 한날 한시에 죽을 확률은 낮습니다. 결국 한쪽이 먼저 세상을 떠나고 한쪽은 남게 되겠지요. 그리고 혼자 남은 괴로움에 아파할 것이고요."

"그래도 사랑을 하거나 결혼을 하면 상대에 기대는 마음이나 염려하는 마음이 생기는 게 당연한 거 아닌가요?"

"우리는 사실 누군가를 아무리 사랑해도 상대방이 감기에 걸렸을 때 기침 한 번 대신해줄 수 없을 만큼 독립된 존재예요. 서로를 지극히 사랑한다는 것이 마치 나보다 더 상대를 위하는 숭고한 것처럼 보여질 때도 있지만 그것은 지극히 이기적인 행위이기도 해요. 사랑하던 상대가 사라지는 것이 아프고 괴로운 것은 혼자 남는 것이 외롭기 때문이지요. 내 곁에 기댈 누군가가 있다는 것에 대한 집착일 뿐이에요. 홀로 서는 법을 먼저 배우지 못하면 진짜 사랑을 할 수가 없어요."

그러자 그가 의아한 듯이 물었다.

"그러면 홀로 선다는 것이 뭔가요?"

"집착하지 않고 사랑하는 것이지요. 사랑한다고 해서 꼭 내가 가져야 하는 게 아니에요. 내가 가진 것만 사랑할 수 있는 것도 아니고요. 사랑은 소유를 떠난 마음이거든요. 상대방을 나 자신처럼 사랑하지만 내가 기댈 수 있는 거리에 갖다 두기 위해 집착하지 않아야 합니다."

기대는 곧 집착이다. 기대는 내가 그어놓은 선에 내가 매달리는 것이다. 그것이 욕심이든 간절함이든 문제는 그 기대를 채우는 것은 내가 아니라 상대방이라는 데에 있다. 결핍이 부른 기대가 충족되지 못하면 실망을 하고 상심을 하게 된다. 마음에 병이 생기는 것이다.

실망을 견뎌내기 위해 사람들이 흔히 사용하는 방법은 바로 '인내'다. 그러나 실망을 하게 된 이유가 '내 힘으로 어쩔 수 없는 것들'일 때에는 비교적 적은 강도의 인내로 해결이 가능하고 상처로 연결될 가능성도 낮다. 편의점에서 아무렇게나 집어든 과자가 맛이 없다거나 내가 한눈에 반한 여자가 나에게 전혀 관심을 보이지 않는다거나 하는 상황에서 순간적으로 실망은 할 수 있지만 오래 괴로워할 사람은 별로 없다. 그러나 기대하는 마음이 클수록 실망도 커지고 그만큼 더 큰 강도의 인내가 필요해진다.

깊은 실망을 버티기 위해 고강도의 인내를 쥐어짜내다보면 우리의 마음은 병들어간다. 그래서 도리어 우리에게 더 큰 상처를 남길 수 있다. 그리고 이 상처를 견디기 위해 또 다른 인내심이 필요하게 되고 그 강도는 점점 커져만 간다. 이렇게 강한 인내심을 발휘하는 순간 마음의 병은 몸으로 드러나게 된다. 그래서 집중력이 떨어지고 면역력도 약해지고 잠도 잘 오지 않는다. 이전에는 아무렇지도 않던 외부 상황의 작은 변화에도 몸이 예민하게 반응하며 흔들리는 것이다. 그래서 잔병치레가 잦아진다.

기대와 집착을 놓으면 실망할 일이 없어지고 더불어 상처를 받을 일도 없다. 상처를 받지 않으면 화가 나지 않고 불행해지지 않는다. 행복해지려는 욕망을 품지 않았음에도 결과적으로 행복해지는 것이다. '무언가 이루고 싶다', '무언가 되고 싶다'처럼 '싶다'로 끝나는 말을 품지 말라. 그것은 곧 지금의 상태가 그 반대임을 인정하는 것이며 기대와 욕망의 씨앗을 내 안에 심는 일이다. 그 씨앗이 내 마음의 화분에 뿌리를 뻗는 순간 불행은 시작된다.

오늘의 마음사용법

행복해지고 싶을수록 불행해진다. 행복해지고 싶어서 기대를 하고, 기대를 하니까 실망을 하고, 실망을 하니 상처를 받고, 상처를 받으니 불행해지기 때문이다.

부족한 것을 채워야 행복해지는 것이 아니다. 굳이 애쓰지 않아도 당신의 마음은 행복할 수 있다.

회피의 기술

아빠가 두 살배기 아들을 데리고 마트에 갔다. 아들은 장난감 코너에서 이것저것 사달라고 버둥거리며 떼를 쓰기 시작했다. 아빠는 미소를 지으며 아들이 원하는 것을 모두 카트에 담았다. 아들은 기분이 좋아서 싱글벙글 웃으며 아빠를 따라다녔다. 아빠는 아들의 장난감으로 가득 찬 카트 안에 필요한 생필품들을 넣었다. 이윽고 계산대 앞에 선 아빠는 점원에게 작은 소리로 말했다.

"죄송한데요, 여기 있는 장난감들은 다 계산에서 빼주세요."

점원은 고개를 끄덕이고 계산을 마쳤다. 집으로 돌아온 아들은 아무 일도 없었다는 듯이 놀기 시작했다.

보채는 아이를 달래는 엄마를 보면 갑자기 엉뚱한 말을 걸거나 시선을 다른 곳으로 돌리는 걸 볼 수 있다. 그러면 아이들은 엄마의 말에 대답을 하다가, 혹은 다른 것을 쳐다보다가 자기가 무엇 때문에 보채고 있었는지를 곧잘 잊어버린다. 꼭 아이만 그런 것이 아니다. 우리도 무슨 이야기를 하다가 이야기가 옆길로 새거나 다른 누군가가 끼어들어 그의 이야기를 조금 집중해서 듣다보면 내가 조금 전까지 무슨 말을 하고 있었는지 생각이 나지 않을 때가 있다. 그 순간을 모면하고 나면 기억은 빠른 속도로 퇴색되어가는 것이다.

순간적인 폭발력이 강한 '화' 역시 마찬가지다. 최근에 화가 났던 기억을 떠올려보라. 마지막으로 화를 냈던 게 언제였더라, 하며 기억을 더듬어가고 있지는 않은가. 사실 '화'는 매우 흔한 감정이다. 지하철에서 큰 소리로 전화통화를 하는 사람을 보면서, 당신의 발을 밟고도 사과의 말 한마디 없이 지나가는 사람의 뒤통수를 보면서, 사소한 실수로 빈정대는 직장상사 앞에서, 갑자기 경적을 울리는 뒤차 운전자를 향해 울컥하는 마음이 들었을 것이다. 그러나 우리는 이런 '화'를 일일이 기억하지는 않는다. 그것은 순간의 지나가는 '뜨거움'이었을 뿐이다.

이보다 좀 더 심각한 이유로 '화'를 표현했던 일도 있었을 것이다. 그러나 지나고 나면 그 구체적인 이유가 떠오르지 않는 경우도 많다. 설령 이유가 생각이 났다고 해도 지나고 나서 되짚어보면 '내가 그만한 일로 화를 냈구나.' 하며 스스로 유치하다는 생각에 얼굴이 화끈거릴 때도 있다.

분노를 뜻하는 '화'는 '불 화火'자를 쓴다. 불은 물을 부으면 금세 꺼지기 마련이다. 아무리 펄펄 화를 냈던 일도 한참 지난 뒤에 그 이유를 물으면 가물가물한 것이 왜 화가 났었는지 잘 기억이 나지 않을 때가 많고, 누군가와 심하게 다투고 난 한참 뒤 그 연유를 묻는 질문을 받았을 때 "진짜 유치하고 사소한 이유였지만 그 당시에는 기분이 정말 나빴단 말이야."라고 대답을 한 적도 있을 것이다. 이렇듯 순식간에 내 마음을 불바다로 만드는 '화'는 그만큼 쉽게 꺼지고 재로 흩어져버리고 나면 탄 자국만 검게 남는다. 기억에도 남지 않고 어수선한 흔적만 남기는 이런 화를 조절할 수 있는 방법은 없을까?

'화'는 그 순간을 피하면 꺼지기 마련이다

화가 나는 순간 내 안의 호랑이가 깨어난다. 불이 나면 짐승은 본능적으로 놀라기 마련이다. 호랑이는 즉각적으로 분노를 표현하지만 조련사가 각성한 뒤 되돌아보면 한심하고 후회스러운 일이 아닐 수 없다.

그런데 어떻게 하면 호랑이의 분노를 통제할 수 있을까? 좀 더 구체적인 방법을 제시하면 다음과 같다.

첫째, 화가 날 때는 그 장소를 최대한 빨리 벗어나라. 만일 그 상황에서 벗어나기가 쉽지 않다면 화를 달래는 나만의 방법을 마련해야 한다. 나는 그래서 비상조치로 왼손바닥 한가운데 정지 버튼 하나를 만들어놓았다. 화나 짜증이 날 때마다 남들 모르게 손바닥을 꾹, 하고 누르는 것이다. 그러면 세상이 멈춘다. 사실은 세상이 멈추는 것이 아니라 감정의 움직임이 멈추는 것이다. 그 순간 조련사가 각성을 한다. 눈을 뜬 조련사는 포효하며 날뛰기 시작하는 호랑이의 목줄을 침착하게 당겨 앉힌다. 불은 물을 만나면 금세 잦아들기 마련이다. 손바닥을 누르는 그 한순간, 조련사는 차가운 냉정함으로 나의 마음에 차가운 물 한바가지를 끼얹는 것이다. 그리고 일부러 화가 난 마음과는 정반대로 행동을 한다. 으르렁거리는 자신의 호랑이를 떠올리며 호랑이의 마음을 다 안다는 듯 달래어보라. 화가 난 것이 현실이지만 즉각적으로 화를 있는 그대로 표현하는 것보다 인격적으로 보다 성숙한 사람인 '척'하는 것은 의외로 효과가 있다.

또 한 가지 방법은 조련사가 호랑이의 목줄을 당겨 다른 방향으로 눈을 돌리게 하는 것이다. 화가 나면 우리는 앞뒤 상황을 침착하게 재고 판단할 여유를 잃는다. 당장 머릿속을 하얗게 만드는 불길이 너무 거세기 때문이다. 분노에 온 마음을 사르다보면 그 하나의 생각에 사로잡혀 지나치게 파고들게 된다. 그리고 불길은 번지게 되어 있다. 불씨는 다른 불씨를 불러일으킨다. 그래서 화가 났을 때는 잠시 눈을 감고 머리를 식히는 시간을 갖는 것이 필요하다.

'화'에 가장 먼저 상처를 입는 것은
바로 나 자신이다

'화'를 내는 것은 무엇보다 나에게 가장 좋지 않은 영향을 미친다. 몹시 화가 났을 때 나를 화나게 한 사람에게 앙갚음을 해주고 싶은 마음이 들 때가 있다. 그런데 그 화를 가장 먼저 입는 사람이 누구인가? '화'의 불은 내 마음에 난 것이다. 내가 나를 화나게 한 사람을 마음의 불로 태우려고 하면 제일 먼저 타는 것은 나 자신이다. 나 자신을 태워야 남도 태울 수 있다.

어떤 사람이 도를 닦기 위해 산에 들어가서 수십 년의 수도생활을 마치고 산에서 내려오자 지인들이 그에게 어떤 깨달음을 얻었는지 물었다. 그러자 그는 "호보연자에 심조불산이요."라고 대답했다. 사람들이 그에게 무슨 뜻이냐고 묻자 그는 빙그레 미소를 지으며 "자연보호 산불조심이라고요. 하하하."라고 말했다.

무위자연으로 돌아가기 위해 필요한 것은 불을 조심하는 것이다. 자기 자신에게 불을 지르고, 또 타인들에게 불을 옮겨 붙이며 온 산을 다 태워버리면 어떻게 자연으로 돌아갈 수가 있겠는가?

한편으로는 상대방이 나를 화가 나게 만들었는데 상대방은 전혀 화를 내고 있지 않은 경우도 있다. 화는 그저 내는 사람의 몫일 때가 있다는 얘기다.

차를 몰고 가는데 바로 앞에 아주 답답하게 운전을 하는 차를 만났다. 1차선으로 달리면서 규정 속도에 훨씬 못 미치는 속도로 느릿느릿 거북이 운전을 하고 있다. 비켜달라고 상향등을 깜빡거리고 경적을 울리고 차간거리를 좁혀가며 의사를 전달하려고 노력했으나 그 차는 꿈쩍도 하지 않았다. 답답한 마음이 들다 못해 짜증이 솟구치는 순간 어찌어찌 운 좋게 타이밍을 잘 잡아서 그 차를 앞질러 갈 수 있게 되었다.

그 차를 지나치는 순간 나는 운전자의 얼굴을 흘끔 쳐다보았다. 그런데 그의 얼굴은 의외로 아주 고요하고 평화로웠다. 자신의 뒤에서 얼마나 많은 차들이 줄지어 달리며 화를 내고 있는지 전혀 알지도 못하는 표정이었다. 나는 그가 그렇게 운전을 할 수밖에 없는 답답한 사정이 있을 거라고 지레짐작을 하고 있었는데 정작 그 운전자는 전혀 답답한 상황이 아니었다.

우리는 이처럼 진실을 가려내는 눈이 없다. 그러니 상대에 집중하지 말고 나 자신에게 집중해보라. 내가 지금 화를 내는 것이 과연 나에게 이로운 일일까? 억지로 화를 내 안에 가둬놓아서 내 마음만 불구덩이로 만들지도 말고 나의 기준으로 남을 판단하여 불을 옮겨 붙이지도 말라. 그래서 사소한 갈등으로 시작해서 문제를 필요 이상으로 크게 만들기 전에 아예 회피하고 보는 것이 회피의 기술이다. 이것은 문제를 피해가기 위한 것이 아니라 갈등을 피해가는 것이 목적이다. 조련사가 호랑이의 고개를 다른 곳으로 돌리게 하는 것처럼 일단 눈앞의 상황에서 눈을 돌리면 생각을 할 시간이 생긴다. 그리고 조련사는 호랑이의 분노를 조절하기 시작하는 것이다.

오늘의 마음사용법

공포영화를 볼 때 사람들은 귀신이 등장하면 눈을 가린다. 꿈에 나올까 봐 그러는 것이다. 보지 않으면 무섭지도 않다.

당신의 호랑이는 바보처럼 순진한 면이 있다. 그러니 호랑이가 분노에 달아오르기 전에 조련사의 손으로 눈을 살며시 가려주어라.

분노는 불길과 같아서 그 순간 눈감고 지나치게 되면 꺼지기 마련이다.

자신감과 자존감

우연한 기회에 육군 22사단의 신병교육대 수료식에 참석하게 되었다. 행사에서 소감을 발표하는 자리에서 한 병사의 말을 듣고 나는 깜짝 놀랐다.

"우리는 연병장에서 흘린 땀과 마신 먼지로 자신감이 생기고……."

우리는 누군가의 용기를 북돋아주기 위해 "자신감을 가져."라는 얘기를 많이 한다. 그러나 그렇게 했다고 해서 그 말 한마디에 전에 없던 자신감이 솟구치지는 않을 것이라는 것을 안다. 그런데 그 병사는 '연병장의 먼지를 마시며 땀을 흘렸기에 자신감이 생겼'고 한다. 어떻게 이런 말을 곧이곧대로 듣느냐고 할 수도 있지만 이것이 영 앞뒤가 맞지 않는 말은 아니다. 자신감은 다른 누군가가 '심어'줄 수 있는 것이 아니라 스스로 자신을 단련하는 과정 속에서 생겨나는 것이기 때문이다.

나는 강의를 할 때마다 "당신이 스스로 가장 성장했다고 느낄 때가 언제입니까?"라는 질문을 자주 한다. 그러면 사람들은 각기 서로 다른 답들을 내놓는다. 그런데 그 모든 성장의 밑거름이 되었던 것은 대부분 시련, 고난, 고통, 좌절, 외로움과 같은 것들이다. 성장은 좋은 것이지만 그 밑거름이 되는 이런 것들은 반가울 리가 없다. 괴롭기 때문이다. 스스로 대견하다 칭찬해주고 싶은 성장이라도 되도록 피하고 싶은 싫은 것들로부터 생겨나기에 이런 경험 앞에서 울어야 할지 웃어야 할지 헷갈린다. 그런데 어째서 이런 경험을 통해서만 우리는 성장할 수 있는 것일까? 어째서 행복하고 편안한 성장이란 없는 것일까?

우리가 어떤 일을 경험하면서 고통이나 좌절, 시련이나 고난, 외로움을 느낀다면 그것은 인내심의 한계에 다다랐거나 평소에 경험하지 못한 매우 낯선 일이기 때문이다. 이런 느낌을 제일 처음 받는 것은 당연히 내 안의 예민한 호랑이다. 이런 경우에 호랑이는 어떤 반응을 보일 것인가? 호랑이는 조련사가 잠들어 있는 동안 평온한 삶을 보내왔지만 자신의 한계가 보이는 경험이 닥치면 제 힘만으로 극복할 수 없다는 사실을 깨닫는다. 그래서 어쩔 수 없이 조련사를 깨우게 되는 것이다. 호랑이의 부름에 눈을 뜬 조련사는 호랑이가 괴로움에 울부짖거나 말거나 눈앞에 닥친 문제를 해결하기 위해 호랑이의 능력치를 끌어올린다. 원래의 능력이 1이었다면 그것을 2, 3, 5, 8로 만드는 것이다. 이것을 가리켜 우리는 '성장'이라고 부른다.

호랑이는 조련사가 자신의 능력치를 최대한으로 만들어 어떠한 시련이라도 뚫고 나갈 수 있게 도와줄 것임을 굳게 믿는다. 이렇게 호랑이가 자신의 조련사를 신뢰하는 마음이 바로 자신감이다. 스스로를 믿는 마음인 것이다. 그래서 호랑이는 아무리 괴로운 일이 닥쳐도 희망에 찬 턱 끝을 빳빳하게 치켜들고 자신감에 넘치는 표정으로 조련사를 깨운다. 그리고 각성한 조련사는 바로 문제에 부딪힌 호랑이를 조련하는 일을 시작한다.

자신감이 창이라면 자존감은 방패다

우리는 누군가 이렇게 자신감 있게 말을 하거나 행동하는 모습을 보면 그 사람에 대한 믿음이 생긴다. 스스로 자신을 믿는 사람은 다른 사람들에게도 믿음을 얻을 수 있는 것이다. 자신감은 밖으로 향하는 창과 같아서 자신감이 높을수록 창끝도 단단해서 도전을 두려워하지 않게 된다. 그러나 힘에 부치는 상대나 장애물을 만났을 때 무릎이 한 번 꺾이고 나면 그만큼 쉽게 주저앉을 수도 있다. '할 수 있다'는 믿음이 좌절을 겪었기 때문에 부러진 창을 다시 이어야 하는 난관이 하나 더 생긴 셈이다. 그래서 자신감만으로는 부족하다. 자신감은 자존감을 방패처럼 두르고 있어야 한다.

자존감은 어떠한 상황에서도 자기 자신을 아끼는 마음이다. 호랑이가 자신의 조련사를 존중하고 사랑하는 마음인 것이다. 호랑이는 조련사의 능력을 신뢰하는 만큼 그 능력이 만들어내는 결과에 상관없이 조련사의 존재를 존중하고 사랑한다. 따라서 자존감은 구조적으로 다른 사람에 의해 훼손될 수가 없다. 내가 나 자신에 대해 갖는 마음이기 때문이다. 그럼에도 불구하고 타인에 의해 자존감이 떨어진다고 하는 것은 내가 스스로에 대한 주인의식이 부족하여 타인의 생각을 그대로 인정하고 수용한 결과일 따름이다. 즉 조련사가 제대로 각성을 하지 못했다는 얘기다. 조련사가 눈을 똑바로 뜨고 있고 호랑이와 조련사의 관계가 그 무엇도 끼어들 수 없을 정도로 굳건하다면 호랑이는 자신감이 무너질 만한 일이 생기더라도 무릎을 꿇는 대신 자신을 재정비하며 그 일을 조련사가 기꺼이 도와줄 것이라고 믿는다.

자신감과 자존감은 창과 방패처럼 밖으로 향하는 강건한 날을 거두지 않고 방패로 자신을 보호한다. 방패가 없이 창만 있다면 섣부르게 휘두른 창이 쉽게 꺾일 수 있고 창이 없이 방패만 있으면 자기방어력만 지나치게 높아져 남의 올바른 조언과 충고마저 공격으로 받아들일 수 있다. 자존감과 자신감은 저절로 지켜지는 것도 아니고 한 번 높아졌다고 해서 계속 유지되는 것도 아니다. 매일 운동을 하며 체력과 근육을 유지하듯 꾸준하게 단련해야 하는 것이며 낮아졌을 때는 도로 끌어올리는 법을 알아야 한다. 자존감이 다른 누군가 해할 수 없는 나만의 것인 것처럼 이 과정은 남이 도와줄 수 있는 것이 아니다. 순전히 나 자신에게 달려 있다. 그러니 나의 마음을, 나의 존재를 보다 사랑스러운 눈으로 소중하게 들여다볼 줄 알아야 한다.

오늘의 마음사용법

우리를 성장시키는 것은 고난과 좌절이다. 괴로운 호랑이가 조련사를 깨우고, 눈을 뜬 조련사는 호랑이가 위기를 이겨나갈 수 있게 능력을 끌어올린다. 호랑이와 조련사는 서로를 믿고 아낀다.
자신감과 자존감으로 무장한 마음에는 그 누구도 상처를 낼 수 없다.

벽에 붙은
파리의 눈으로

　장기나 바둑에서 훈수를 두는 이들을 보면 꼭 실력이 뛰어나야 훈수를 잘 두는 것이 아니다. 훈수를 잘 두는 사람은 온전히 객관적으로 그 판을 바라보는 사람이다. 세심한 관찰자가 되는 것이다. 경기 당사자보다 관찰자가 되면 이해관계에 얽매이지 않고 정확히 상황을 인식하게 된다. 그 판에 대한 통찰력이 생기는 것이다.

　자아성찰이란 장기나 바둑을 두는 당사자가 훈수까지 둘 수 있는 능력을 갖는 것이다. 그러기 위해서는 당사자인 동시에 훌륭한 관찰자가 되어 스스로를 제3자의 눈과 입장에서 들여다보고 파악하고 예측을 할 수 있어야 한다. '성찰'의 사전적 의미가 바로 나를 깊이 되돌아보는 행위이다.

자아성찰의 능력이 가장 필요한 순간은 살면서 어떤 문제에 봉착했을 때다. 당황해서 섣부른 선택을 하지 않고 그 난관을 슬기롭게 헤쳐 나가기 위해서는 관찰자적 자세를 가져야 한다. 이를 위해 가장 쉬운 방법은 누군가에게 감정이입을 해보는 것이다. 내가 존경하는 누군가를 떠올리며 "만약 그 사람이었다면 이럴 때 어떻게 했을까?"를 생각해보는 것이다. 이런 방식은 내가 부딪친 문제뿐만 아니라 나 자신까지도 객관화시켜서 볼 수 있도록 해준다. 그리고 내가 아닌 남의 시선을 빌린 관찰을 통해 문제를 해결할 수 있는 방법을 모색하도록 도와준다. 감정이입의 대상이 꼭 내가 아는 사람일 필요는 없다. 때로 그것은 절대자가 될 수도 있고, 아버지에게 조언을 구하는 아들의 입장이 될 수도 있다.

친구의 보증을 섰다가 사기를 크게 당하고 온 가족이 단칸방으로 쫓겨나게 생긴 한 남자가 있었다. 그는 가족들에게 미안한 마음에 차라리 죽는 것이 나을 것 같은 절망감에 빠졌으며 친구에게 배신을 당한 아픔이 뼛속에 사무쳤다. 그러나 독실한 기독교 신자였던 그는 어느 날 문득 이런 질문을 스스로에게 던졌다.

'예수님에게 감히 사기를 치는 인간은 없겠지만 그분이라면 이런 상황에서 어떻게 하셨을까?'

곰곰이 생각에 빠져 있던 그는 잠시 후 차분한 목소리로 스스로에게 속삭였다.

'그래, 예수님이라면 돈 때문에 누군가를 죽도록 미워하거나 귀한 목숨을 버리지는 않으셨을 거야. 나를 배신한 그 친구도 분명 무언가 급한 사정이 있었겠지. 아마 예수님이라면 오히려 그런 그를 위해 기도를 하셨을지도 몰라. 내가 스스로 돈의 노예가 되어 내 남은 삶을 증오 속에서 보낼 수는 없지.'

그는 자신이 가장 믿는 절대자가 자신의 상황에 처했다면 어떻게 행동했을까를 생각해본 것이다. 불가능한 상상이었지만 다른 누군가의 눈으로 객관화시켜 바라보려는 노력은 상황을 좀 더 차분하게 들여다볼 수 있게 해주었다.

심리학에서는 이를 '벽에 붙은 파리 효과 Fly on the wall effect'라고 부른다. 미국 버클리 대학의 심리학자인 오즈렘 에이덕 Ozlem Ayduk과 미시간 대학의 에단 크로스 Ethan Kross가 벽에 붙은 파리를 예로 들어 내가 현재 처한 상황을 타인의 시선으로 바라보면 긍정적인 결과가 나타나는 현상을 설명한 데서 유래한 말이다. 실패나 절망 때문에 소리를 지르고 괴로워하고 남들에게 하소연을 하는 자신의 모습을 감정적으로 초연한 제3자의 입장이 되어 객관적으로 바라보라는 것이다.

이들은 사람들에게 과거의 실패 경험을 두 가지 서로 다른 시각으로 재경험하게 하고 이들의 감정적 반응을 조사했다. 1인칭 시점에서 실패의 기억을 떠올린 사람들은 혈압과 심박수가 높아지고 불쾌함을 느끼는 것으로 나타난 반면 3인칭 시점에서 자신의 실패를 돌아본 사람들은 불쾌함과 같은 생리적인 변화를 보이지 않았을 뿐 아니라 실패의 경험을 보다 긍정적으로 해석하려는 경향을 보였다.

일을 시작한 지 한 달쯤 되어가는 신참 공무원이 어느 날 민원을 해결해주다가 십만 원이 든 봉투를 받게 되었다. 선배들이 뇌물을 받아 챙긴다는 이야기를 공공연하게 들어왔던 그는 망설이다가 그 봉투를 받아들었다. 모두가 "괜찮아, 그깟 십만 원쯤이야."라고 했다. 한 번 받아보니 재미가 쏠쏠했다. 그러나 마음 한 구석으로는 과연 내가 이래도 되나, 하는 의문이 가시지 않았다. 그런 마음의 부담감이 고민이 되어 쌓이던 어느 날 그는 이런 생각을 했다.

'만일 이것이 내 아들에게 일어난 일이었다면 아버지로서 나는 어떤 얘기를 해주었을까?'

결론은 매우 간단했다.

'아들아, 돈 몇 푼에 너의 양심을 쉽게 내어주지는 말거라. 너의 영혼이 멍이 드는 일이란다. 너는 지혜롭고 현명한 아이야. 그런 얕은 유혹에 거절의 말을 할 줄 알아야 비로소 진정한 너를 발견할 수 있게 되는 거다.'

한창 문제 속에 빠져 골머리를 앓을 때에는 도대체 무엇이 옳은 것인지 분간을 할 수가 없었는데 한 발자국 물러나서 현실을 바라보자 바로 명료한 답이 나올 것이다.

이러한 자기성찰도 일종의 습관이다. 자기성찰을 위한 방법 중 첫 번째는 스스로를 객관적인 시선으로 보는 것이다. 이런 객관적인 눈을 갖기 위해선 말 그대로 벽에 붙은 파리처럼 '남의 눈'이 될 수 있어야 한다. 그래서 마치 유체 이탈이라도 한 것처럼 자신의 모습을 남처럼 보는 것이다. 거울을 들여다볼 때처럼 자신의 얼굴을 자신의 눈으로 보는 것이 아니라 거울 너머의 자신이 되어 내 얼굴을 '마주 보라'는 것이다. 그래야 자신의 표정이 비로소 제대로 보인다.

자신의 행동과 의식까지 제3자의 눈으로 바라볼 때
비로소 자신의 마음의 주인이 될 수 있다

두 번째 방법으로는 자신의 행위를 보다 세밀하게 관찰하는 것이 있다. 컵을 들어올릴 때 어떤 식으로 손을 움직이는지, 물은 어떤 식으로 마시는지, 걸을 때는 어떻게 걷는지, 팔과 다리는 어떻게 움직이는지, 그리고 이렇게 움직일 때마다 내 온몸의 근육과 신경들은 어떻게 신속하게 동작을 하는지를 유심히 지켜본다. 나는 아무런 의식 없이 일상의 모든 행위를 하고 있지만 나의 행동

하나하나에 나의 마음과 표정이 들어가 있다. 따라서 행위를 의식하는 관찰은 뇌의 움직임을 활성화시키고 행동을 더욱 신중하게 만들어준다. 그리고 이 미세하고 집중된 관찰은 오히려 신경의 긴장과 심장의 박동을 안정되게 하는 효과가 있다. 그래서 마음을 진정시키고 평온을 불러다주는 것이다.

세 번째 방법으로는 자신의 행위를 관찰하는 것에서 한걸음 더 나아가 자신의 행위에 일일이 지시를 붙이는 것이 있다. 예를 들어 물을 마실 때 '손아, 이제 움직여서 컵을 들어. 컵이 미끄러지지 않게 단단히 쥐어야 한다. 그리고 팔아, 컵을 입 쪽으로 움직여야지. 그리고 천천히 입을 벌리고 컵 안의 물을 입 안으로 부어넣는 거야. 그러면 식도는 물을 잘 흘려보내고 위는 이 물을 따뜻하게 받아줘야 해. 자, 이제 이 물은 온몸 구석구석으로 스며들어 나의 세포들이 좀 더 잘 움직일 수 있도록 해줄 거야.'라고 하며 나의 모든 행위에 내가 주인노릇을 하는 것이다. 관찰을 넘어 지시를 하는 것은 초의식이 나의 의식을 깨워 움직이게 하고 관여를 하는 것이다. 이 방법은 치매 예방에도 효과가 있다. 일상생활 속에서도 뇌세포들이 끊임없이 움직일 수밖에 없기 때문이다.

네 번째는 자신의 생각을 관찰하는 것이다. 우리는 평상시에 생각하는 것을 모두 입 밖으로 내뱉지는 않는다. 그저 머릿속에서 맴돌다 사라지는 생각들이 더 많다. 예를 들어 퇴근 시간만 되면 지옥철이 되는 지하철 9호선에 겨우 몸을 구겨 넣었는데 전동휠체어를 탄 장애인이 가장 붐비는 입구 자리를 아주 널찍하게 차지하고서는 밀려드는 승객들을 향해 짜증을 내고 있는 모습을 발견한다. 순간 당신은 '하필이면 이 복잡한 퇴근 시간에 전동휠체어를 끌고 지하철을 타다니 짜증나게……'라는 생각을 한다. 그때 이런 자신의 생각을 제3자의 시선으로 냉정하게 관찰해보자. 그러면 자신의 생각을 보다 이성적으로 분석할 수 있게 된다.

'음, 이 사람은 이런 생각을 하고 있군. 그런데 왜 그렇게 생각하는 걸까? 저 장애인도 아무 때나 지하철을 이용할 수 있는 그저 평범한 시민 아닌가. 짜증이 나려면 안에 사람이 꽉 찼는데도 앞사람을 우악스럽게 밀면서 타는 뒷사람들한테 더 짜증이 나야 하는 거 아닐까? 그 사람들의 사정은 이해가 되고 저 장애인의 사정은 이해가 되지 않으면 그거야말로 차별과 편견이 가득한 사람인 거잖아.'

화가 나거나 짜증이 치밀어 오를 때 자신의 생각을 구경꾼이 되어 관찰해보면 이렇듯 의외의 해답을 발견할 수 있다.

마지막으로 자신의 생각을 관찰하고 나서 자신에게 지시를 내리는 방법이 있다. 뒤에서 나의 험담을 하고 다니는 사람에 대한 이야기를 들었다면 당장이라도 달려가 따지고 싶은 마음이 드는 것이 당연하다. 그런 자신의 생각을 들여다보고 이렇게 지시를 내리는 것이다.

소중한 사람을 위한 이야기

특별한서재

글을 쓰는 이도 책을 만드는 이도 책을 읽는 이도
자신만의 특별한 서재를!

http://blog.naver.com/specialbooks
www.specialbooks.co.kr
facebook.com/specialbooks1
instagram.com/specialbooks1
Tel. 02-3273-7878
E-mail. specialbooks@naver.com

특별한 서재의 신간

특서 해외소설

거울이 된 남자 신간

샤를 페로 지음 / 장소미 옮김 / 96쪽 / 11,500원

「신데렐라」, 「장화 신은 고양이」,
「푸른 수염」, 「잠자는 숲속의 공주」의 작가

국내 최초로 소개되는
샤를 페로의 첫 성인 동화!

특서 에세이

농부가 된 의사 이야기 신간

이시형 그림 에세이 / 264쪽 / 16,000원

정신과 의사 이시형의
마음을 씻는 치유의 글과 그림!

지친 사람들을 위한 120가지 이야기!

특서 에세이

어른답게 삽시다

이시형 에세이 / 248쪽 / 14,000원

미운 백 살이 되고 싶지 않은
어른들을 위하여

"나이를 먹는다고 어른이 될까요?"

★ 한국청소년신문사 에세이부문 최우수상
★ 국립중앙도서관 사서추천도서

2019
문학나눔
선정도서

특서 소설

2017 세종도서 문학나눔 선정도서

바람을 만드는 사람

마윤제 장편소설 / 334쪽 / 13,800원

광대한 원시의 땅 파타고니아를 배경으로 자신의 길을 찾아가는 한 남자의 이야기!

"아무도 나의 삶을 대신할 수 없고 속박할 수 없다"

★ 한국출판문화산업진흥원 추천도서

특서 소설

2018 세종도서 문학나눔 선정도서

내일은 내일에게

김선영 장편소설 / 224쪽 / 12,000원

어른이 된 내가 열일곱 살의 '나'에게 건네는 위로

스무 살이 되기 전에 몸 속 눈물을 모두 말려버리는 것이 목표인 연두의 이야기!

★ 2019 아침독서신문 선정도서
★ 2018 충남 남부권역 함께 한 책 읽기 선정도서
★ 2018 순천시 One City One Book 선정도서
★ 서울시 교육청 청소년 추천도서

특서 에세이

눈을 맞추다

김미나 지음 / 184쪽 / 11,200원

오직 한 사람 '특별한 존재'라는 자존감, 단 한 번뿐인 '특별한 인생'을 위한 이야기!

의사의 말 한마디

임재양 글 · 이시형 그림 / 180쪽 / 13,000원

**동네 골목에 한옥 병원을 짓고
행복을 나누는 의사의 뒤뜰 이야기!**

"병(病)만 보지 않고 사람도 봅니다"

★ 고도원의 아침편지 추천도서
★ 한국청소년신문 힐링케어부문 최우수도서

그분이라면 생각해볼게요

유병숙 지음 / 312쪽 / 14,800원

**열여덟 순정을 살다 가신 어머니와
'언니'가 된 '며느리' 이야기!**

사람살이의 난경(難境)과
아름다움에 대한 절절한 고백!

★ 제12회 한국문학백년상 수상

2019
세종도서
문학나눔
선정도서

우리는 왜 책을 읽고
글을 쓰는가?

– 새로운 방식의 책 읽기와 글쓰기

마윤제 지음 / 208쪽 / 13,800원

보이지 않는 것을 보이게 하는 힘!

"독서를 멈추는 순간, 세상도 멈춘다!"

있는 그대로 나답게

도연 지음 / 248쪽 / 14,000원

카이스트 출신 도연 스님의 행복하게 사는 법

"내가 나로 살기로 결심한 순간부터
몰랐던 내가 보이기 시작합니다"

제4의 식탁

임재양 지음 / 162쪽 / 13,800원

최재천 교수가 추천하는
요리하는 의사의 건강한 식탁

"맛 위주가 아니라
건강 위주로 먹어야 한다"

★ 고도원의 아침편지 추천도서
★ 국립중앙도서관 사서 추천도서
★ 2019 국립중앙도서관
　휴가철 읽기 좋은 책 100선

말할 수 있는 비밀

한준호 지음 / 200쪽 / 14,000원

나도 옳을 수 있다는 용기!

MBC 전 아나운서가 알려주는
'진정성 있는 말하기'에 관한 감동 에피소드!

내 인생에 타이틀을 달아보자!

'혹시 네가 뭔가 잘못한 일이 있지는 않은지 먼저 잘 생각해 봐. 미처 깨닫지 못하고 있을 뿐이지 실수로라도 그의 감정을 상하게 한 일이 있었는지도 모르잖아.'

내 안에 생겨난 급한 감정에 즉각적으로 반응을 하는 대신 이리저리 생각의 물꼬를 터주는 것이다.

오늘의 마음사용법

남의 얼굴을 보듯 자신의 얼굴을 찬찬히 관찰해라.

잔뜩 긴장한 표정을 지으면 얼굴의 근육들이 굳어서 못난이가 된다. 그래서 당신은 거울 속의 당신을 보며 활짝 미소를 짓는다. 그래야 예뻐 보이니까.

당신은 정답이 무엇인지 이미 알고 있다.

성찰은 누군가에게 잘 보이기 위한 것이 아니라 스스로 행복해지기 위한 것이다.

마음에도 통하는
만유인력의 법칙

　강의를 하며 사람들에게 "당신을 가장 기분 나쁘게 했던 일이 무엇이었나요?"라고 물으면 사람들은 저마다 여러 가지 이야기를 한다. 그런데 그 가지각색의 대답들을 하나로 모을 수가 있다.

　사람들을 가장 기분 나쁘게 하는 것은 바로 '무시를 당하는 일'이었다. '무시'의 의미를 사전에서 찾아보면 '사물의 존재 의의나 가치를 알아주지 않음'이라고 나와 있다. 비슷한 말인 '업신여기다'는 '없이 여기다'에서 파생된 말이다. 결국 사람들이 나라는 존재가 마치 없는 것처럼 행동하거나 그렇게 생각하는 것 같은 태도를 보일 때 기분이 상하게 되는 것이다. 그런데 여기에는 몇 가지 모순이 있다.

　첫째가 '나'라는 존재가 분명히 있는데 상대방의 생각에 의해 나의 존재가 훼손될 수 있다는 전제이며, 둘째는 상대방이 설령 그런 의도를 품지 않았다고 하더라도 내가 그런 생각이 드는 것만으로 내 기분이 나빠진다는 사실이다.

첫 번째 모순으로부터 우리는 스스로를 어떤 존재로 인식하고 있는지를 깨달아야 한다. 길을 가다가 어디선가 날아오는 공에 심하게 맞아 다칠 때보다 누군가가 어깨를 툭 치고 지나가는 것을 몇 배 더 기분 나쁘게 받아들이는 게 사람이다. 눈에 보이는 육체에 가해진 심각한 상처보다 눈에 보이지 않는 나의 '존재'에 가해진 의도를 알 수 없는 가벼운 충격이 더욱 심각한 상처가 된다. 우리는 자신의 존재를 육체적인 것으로 여기기 쉽지만 실제로는 스스로를 정신적 존재로서 인식하고 있는 것이다. 그래서 '나'의 존재를 상대방이 '없이 여기고' 있다는 생각이 드는 순간 기분이 나빠진다.

두 번째 모순을 들여다보려면 마음이 가진 근본적인 속성을 알아볼 필요가 있다. 그것은 상대방의 마음을 빼앗으려는 본능이다. 사람들의 마음을 빼앗고 나면 그들을 내 마음대로 부릴 수가 있게 된다. 부와 명예를 거머쥘 수 있는 것도 당연하다. 인간관계에서뿐만 아니라 자본주의 사회에서 상품을 팔기 위한 마케팅 전략에서도 소비자들의 마음을 빼앗는 전략은 필수이다. 그래서 이 마음쟁탈전이 갈수록 치열해지고 있는 것이다.

마음을 빼앗으면 모든 것을 빼앗는 것이다

네 명의 남자들이 모여 이야기를 나누다가 서로 아들자랑에 열을 올리기 시작했다. D가 잠시 화장실에 간 사이에 C가 A에게 물었다.

"어이, 자네 아들은 뭐하나?"

A는 다소 거들먹거리는 표정을 지으며 말했다.

"음, 걔가 자동차 공학과를 나왔거든. 그래서 얼마 전에 자동차 회사를 하나 인수했다네."

그러자 다들 탄성을 지르며 함께 축하를 해주었지만 진정으로 기쁜 목소리는 아니었다. C가 말했다.

"대단한 아들을 두셨구면."

A는 신이 나서 말했다.

"내 아들이지만 신통하긴 하지. 그놈이 글쎄 얼마 전에는 자기 애인한테 최고급 스포츠카를 사줬다지 뭔가. 하하. 아들놈들은 애써 키워봐야 소용없다니까. 다 남의 딸 좋은 일 시키는 거야. 그런데 자네 아들은 뭐하나?"

A가 B에게 물었다. B는 미소를 지으며 말했다.

"아, 우리 아들은 항공 공학과를 나왔는데 얼마 전에 항공사를 하나 인수했어."

다들 눈을 크게 뜨며 놀라워했다. 그리고 질문을 던졌던 A는 멋쩍은 얼굴로 그를 쳐다보았다.

"자기 애인한테 작은 비행기를 하나 선물했다고 하더라고. 자네 말마따나 아들은 남 좋은 일 시키는 거라니까. 하하하."

B는 C를 보며 말했다.

"그래, 자네 아들은 어떻게 지내나?"

C는 기다렸다는 듯이 대답했다.

"우리 아들은 건축과를 나왔잖나. 얼마 전에 세계에서 세 번째로 큰 건설 회사를 인수했다네. 얼굴 볼 틈도 없이 바쁘지. 이번에 자기 애인한테 대저택을 선물로 줬다는군. 그놈 참. 하하하."

그때 마침 화장실에 갔던 D가 자리로 돌아오고 있었다. A는 D의 아들이 평소에 공부도 안하고 놀기만 좋아했다는 것을 알고 있었기에 그나마 위안이라도 얻고자 그에게 말을 걸었다.

아들의 근황을 묻는 A의 질문에 D는 길게 한숨을 내쉬며 대답했다.

"그렇지 않아도 그 녀석 때문에 미칠 지경이야."

다들 걱정스러운 듯한 눈초리로 그를 쳐다보았다. A가 다정한 목소리로 말을 건넸다.

"그래, 자식 일처럼 부모 마음대로 안 되는 게 없지. 뭘 하며 지낸다고 하던가?"

D는 침울한 표정으로 대답했다.

"그놈이 어느 날 자기가 게이라고 고백을 하더군. 지금은 게이 바에서 스트립쇼를 하면서 돈을 벌고 있다네."

A와 B와 C는 깜짝 놀라서 D를 위로했다. 그러자 D가 말했다.

"그래도 크게 걱정은 하지 않아도 될 것 같아."

"어째서?"

C가 물었다. 그러자 D가 말했다.

"그놈 꽁무니를 쫓아다니는 돈 많은 애인들이 꽤 있나 보더라고. 어떤 놈은 최고급 스포츠카를 사주고, 어떤 놈은 비행기를 사주고, 또 어떤 놈은 대저택을 사줘서 거기서 비행기가 뜨고 내릴 수도 있다네. 덕분에 우리도 거기서 호의호식하고 있지. 그 미친놈들은 우리 아들이 손가락만 까딱하면 자기 회사까지도 갖다 바칠 기세야. 하하하."

A와 B와 C는 벌린 입을 다물지 못했다.

D의 아들은 어떤 힘을 가졌을까?

그렇다. 그는 마음을 빼앗는 힘을 가졌다.

마음이란 그런 것이다. 유능한 영업사원은 물건을 팔기 위해 노력하지 않는다. 상대방의 마음을 빼앗기 위해 노력한다. 우리는 모두 한 번쯤 이렇게 마음을 빼앗겨본 경험이 있다. 일단 마음을 빼앗기고 나면 그것을 빼앗은 상대에게 모든 것을 해주게 된다. 불같은 사랑에 빠져서 일단 마음을 빼앗기고 나면 상대가 이치에 맞지 않는 어떤 얘기를 해도 무조건 믿게 되고, 자식을 낳아 무조건적인 사랑에 눈을 뜨고 나면 세상 그 무엇을 내어주어도 아깝지 않다는 생각이 든다. 왜 그럴까? 그것은 우리가 마음과 정신의 존재이기 때문이다. 그래서 마음을 빼앗으면 모든 것을 빼앗는 것이 되는 것이다.

그런데 이렇게 사람들의 마음을 빼앗기 위해 애를 쓰고 있을 때 정작 우리 자신의 마음은 어디에 있을까? 상대의 마음을 빼앗으려면 우선 상대의 마음속에 들어가야 한다. 그래서 상대방이 무슨 생각을 하는지, 어떤 감정인지를 파악하는 데 온 정신을 집중한다. 마치 내가 상대방이라도 된 것처럼 그의 마음이 어떻게 움직이는지를 속속들이 파악하려고 발버둥을 치고 상대방이 원하는 것을 알아내기 위해 최선을 다한다. 결국 상대방의 마음을 빼앗기 위해 온갖 노력을 하면서 이미 내 마음을 상대방에게 빼앗기고 마는 것이다.

그리고 그다음으로 더욱 모순적인 일이 벌어진다. 있던 것이 없어지면 빈자리가 생기는 것은 당연지사. 내 마음이 없어진 빈자리를 그냥 둘 수는 없다. 그래서 원래 제자리에 있었던 나의 마음을 남에게 주듯이 빼앗겨놓고 그 빈자리를 채우기 위해 남의 마음을 가져오려고 하는 것이다.

남에게 빼앗긴 마음은 '나'와 '너'의 경계를 혼동한다. 나의 존재 안에서 제대로 주인자리를 지키지 못하고 남의 마음만 기웃거리며 그것이 마치 자기 자신인 것처럼 여기는 것이다. 그래서 그 사람의 마음이 제 뜻대로 되지 않으면 '무시당했다'고 생각하고 분노를 참지 못하게 된다. 그래서 요즘 언론을 통해 부쩍 자주 들려오는 '묻지 마 범죄'들이 생겨나는 것이다. 이런 유형의 범죄들을 일으키는 원인은 '상대방이 나를 무시하는 말을 했다'거나 '상대방이 나를 무시하는 것처럼 쳐다봤다'라는 것들이 대부분이다. 자신을 '마음과 정신의 존재'로 인식하고 스스로의 마음을 지키려는 노력을 하지 않는다면 마음 뺏기 쟁탈전에서 우리는 쉽게 상처받고 쉽게 남의 마음대로 존재를 훼손당하게 된다.

우리가 누군가의 생각이나 행동의 의도를 100% 확실하게 파악하는 것은 불가능하다. 말이나 행동, 얼굴 표정이나 사소한 눈동자의 움직임으로 가늠해보는 추측일 뿐이다. 의도와 행동이 너무나 명확하게 드러나는 경우도 물론 있지만 정작 상대방은 자신이 한 말이나 행동을 제대로 기억조차 하지 못할 때도 있다. 이것은 상대방의 마음과 생각을 내가 생각하려고 애쓰다가 생기는 불일치의 결과이다. 습관처럼 다른 사람들의 생각을 생각하려고 애쓰며 살아가기 때문에 벌어지는 일인 것이다.

무시는 상대방이 내 뜻대로 생각해주지 않아서 생겨난다. 상대방이 나의 존재를 인정하거나 훼손할 수 있는 주체가 된다는 의미이다. '무시당했다'고 생각하고 기분이 나빠지지만 나를 기분 나쁘게 하고 있는 것은 결국 자기 자신의 생각인 것이다. 나의 존재의 중심에 나의 마음이 없고 남의 마음에 기대어 생각하고 있기 때문이다.

남에게 집중하는 삶은 자신을 훼손한다. 남의 이야기에 마음 상하고, 괴로워하며, 남의 행동을 기억에 담아두고, 떠올리며 소름끼쳐한다. 그러면서 자신의 말과 행동, 그리고 생각은 기억조차 하지 않는다. 지금 누구의 세상을 살고 있는가? 자신의 세상인가 남의 세상인가?

자신에게 집중한 삶은 자신을 가다듬는다. 그리고, 자신을 행복하게 만든다.

내 마음의 중심에는 내가 있어야 한다

뉴턴의 만유인력 법칙이 수백 년 동안 물질세계를 관통하는 위대한 이론으로 자리를 공고히 하고 있을 때 뉴턴이 모든 이들이 당연하다고 생각한 것에 의문을 가졌듯 그의 이론에 의문을 던지는 이가 나타났다. 바로 천재 과학자 아인슈타인이었다. 아인슈타인의 놀라운 업적 중 하나는 중력에 대한 새로운 관점에 불을 당겼다는 것이다.

아인슈타인 이전에 뉴턴이 발견한 중력의 법칙은 모든 물건은 서로를 끌어당기는 힘이 있는데 큰 물체가 끌어당기는 힘이 작은 물체가 끌어당기는 힘보다 크기 때문에 사과가 지구로 떨어지는 것이라는 것을 증명해냈다. 그러나 그로부터 228년 뒤, 아인슈

타인은 그 법칙에 의문을 제기했다. '만유인력은 정말로 존재하는 것인가?'

"만약 태양이 갑자기 사라진다고 해보자고요. 뉴턴이 맞다면 지구를 포함한 모든 행성들이 즉시 우주로 방출되어야 하죠. 하지만 이건 말이 안 돼요. 우주에서 가장 빠른 것이 빛이라는 사실에 모순이 생기기 때문이죠. 만일 태양이 없어진다고 해도 일정한 시간 동안 지구를 포함한 행성들은 태양이 없어진 빈 공간 주위를 빙빙 돌다가 우주로 방출되어야 해요."

아인슈타인은 뉴턴과는 다르게 중력을 해석해냈다. 뉴턴이 생각한 중력에 공간이라는 개념을 더했고 중력이 시공간을 왜곡시키며 곡면을 형성하고, 빛도 중력에 의해 휘어지는 게 아니라 이렇게 왜곡된 시공간의 경로를 따라가는 것이라는 것을 알아냈다. 마치 트램펄린 위에 무거운 쇠공을 올려놓으면 트램펄린이 움푹하게 밑으로 내려앉는 것과 같은 원리다. 그 트램펄린 위에 작은 구슬을 올려놓으면 자연스럽게 트램펄린의 표면을 따라 쇠공 쪽으로 굴러간다. 그것은 쇠공이 구슬을 끌어당기는 것이 아니라 쇠공이 만들어낸 곡면을 따라 구슬이 흘러들어가는 현상인 것이다. 이것이 바로 아인슈타인이 만들어낸 획기적인 '상대성이론'이다.

우리가 가진 능력 역시 이 상대성이론으로 설명할 수 있다. 우리의 마음 한가운데에 '권력'이라는 쇠공을 얹어놓으면 우리의 모든 시간과 공간은 이 '권력'이라는 쇠공으로 인해 왜곡된다. 모든 것이 '권력'을 향해 흘러들어가게 되는 것이다. '권력' 대신 '돈'을 그 자리에 놓으면 우리 생의 중심은 '돈'이 차지하게 된다.

그렇다면 가장 무거운 내 마음속의 중력을 나 자신에게 놓으면 어떻게 될까? 그때부터 우리는 밖으로 향하던 시선을 안으로 돌리게 된다. 우리에게 절대적으로 느껴지는 시간조차도 가장 큰 중력의 영향을 받아 왜곡되게 흐르는 것이 증명된 마당에 나의 중심에 들어앉은 절대적인 '나'를 거부할 수 있는 것은 없다.

나는 강의를 할 때마다 참가자들에게 서로 "자중하세요."라는 말을 하게 한다. 얼핏 들으면 기분 나쁘게 들릴 수도 있다. '자중 하다'라는 말에는 '말이나 행동, 몸가짐을 신중하게 하다.'라는 뜻 도 있지만 '자신을 소중히 여기다.'라는 뜻도 있다. 결국 '자중自重' 은 스스로 무게를 가지라는 의미이다. 스스로 내 안에 중력을 둔 다면 나는 '내'가 아닌 것들을 위해 살지 않을 수 있다. 나의 마음 을 다른 누군가, 혹은 다른 무엇인가에 빼앗겨서 '내'가 아닌 것 을 쫓아서 살지 않을 수 있다는 것이다. '자중'하며 살자.

마음을 평정시킬 수 있는 자중의 방법은 사랑이다

우리는 아날로그 시계를 보자마자 시간을 알 수 있다. 하지만 시계 안의 메커니즘은 사실 매우 복잡하다. 우리는 시계 내부의 복잡한 것을 모두 알 필요가 없지만, 그 원리를 알고자 할 때는 꼭 필요하다. 그 원리를 알아내면, 그 본질을 알 수 있기 때문이다.

꽃을 보라, 그것이 피어 있는 것은 단순하다. 하지만 꽃이 피기까지의 메커니즘은 무척 복잡하다. 세상의 모든 것이 이와 같은 원리다. 보기에는 매우 직관적으로 이해할 수 있게 되어 있지만, 실은 모든 것이 매우 복잡한 원리를 가지고 있다. 더 놀라운 것은 이 복잡한 설계를 이루는 모든 것이 매우 단순한 원리로 되어 있다는 것이다.

현대과학을 대표하는 파인만은 "남겨진 인류에게 딱 한가지만 알려줄 수 있다면 무엇입니까?"라는 질문에 "모든 것은 원자로 되어 있다"라고 답했다. 작은 알갱이들이 모여서 모든 것을 이루고 있다는 것이다. 시계가 알려주는 시간은 단순하고, 그것을 일으키는 메커니즘은 복잡하지만, 그것들을 이루는 것은 그냥 원자라는 것이다.

인간의 행위는 단순해 보이지만, 그 행위의 원인은 매우 복잡하다. 그런데 그것들을 일으키는 핵심은 사랑이다. 우는 아이나 웃는 아이의 이유는 하나, 사랑이다. 이 복잡한 마음의 세계를 평정시킬 수 있는 자중의 방법은 사랑이다.

당신은 오늘도 마음 뺏기 쟁탈전에 빠져서 허우적댔다. 이 바보 같은 싸움
은 승자도 패자도 모두 패자이다. 남의 마음을 빼앗는 일에 열중하다보면
내 마음을 먼저 빼앗기게 되어 있기 때문이다.

남에게 집중하는 삶은 나를 먼저 훼손시킨다.

그러니 자중하라. 당신의 무게를 당신의 마음 한가운데 두어라.

몸을 사용한다는 것

나는 마음사용법 강연을 할 때 사람들에게 하얀 종이에 커다란 원을 그리게 한다. 그리고 그 원의 선을 따라 같은 원을 다시 그려보라고 한다. 그러면 사람들은 행여 원래 그려놓은 선에서 조금이라도 벗어날까 조바심을 내며 천천히 원을 그린다. 그러고도 두 개 원의 선을 완벽하게 맞추는 사람이 별로 없다.

"이미 그려놓은 원을 따라서 그리기만 하면 되는데 왜 똑같이 되지 않을까요?"라고 내가 물으면 사람들은 그게 당연한 거라고 대답한다. 세상에 당연한 것은 없다. 모든 일에는 나름의 이유가 있다.

이제 막 돌이 지난 아이가 숟가락을 들고 밥을 먹는 것을 보면서 나는 생각했다.

'과연 아이들이 저렇게 밥을 흘리고 싶어서 흘리는 것일까?'

아이는 숟가락을 들고 제대로 밥을 먹어보려고 열심히 노력하지만 영 제대로 되지가 않는다. 그래서 밥알은 상 위로 흩어지고 아이의 얼굴이며 옷에 덕지덕지 묻기 일쑤다. 아이도 엄마가 밥을 먹여줄 때처럼 야무지고 깔끔하게 제 힘으로 밥을 먹고 싶을 것이다. 그래서 숟가락을 들었을 것이다. 그런데 생각대로 되지 않는다. 이유는 간단하다. 몸이 의도한 대로 움직여주지 않는 것이다.

그렇지만 아이는 자라면서 금세 몸을 제 마음대로 쓸 수 있게 되고 몸이 바로 자기 자신이라는 착각에 빠지게 된다. 과연 정신과 몸은 하나일까? 아이가 어른이 되고 다시 세월이 흘러 노인이 되고 나면 신체기능이 떨어지고 이런저런 병에 걸리고 다시 밥을 흘리며 먹는 일이 생길 수도 있다.

그래서 이번에는 사람들에게 '자신의 몸을 사용해본 경험'에 대해서 물어본다. 사람들은 24시간 동안 꼬박 자신의 몸을 사용하며 살고 있는데도 의외로 자신의 몸을 '사용'해서 무언가를 한 것을 기억해내는 것을 어려워한다. 말도 안 되는 일이다. 한 번도 빠짐없이 심장은 뛰고 있었을 것이고, 손과 발을 끊임없이 움직이며 무언가를 하고 있었을 것이고, 설령 아무것도 하지 않고 누워만 있었다고 해도 숨은 쉬고 있었을 게 아닌가.

그중 어떤 이가 어렵게 입을 열어 대답을 했다.

"제가 오늘 모임에 갔었는데 거기서 음식을 먹고 나서 제가 설거지를 했어요. 그때 몸을 사용했던 것 같아요."

그녀가 물꼬를 트고 나자 여기저기서 사람들이 비슷한 이야기들을 꺼냈다. 그런데 이것들은 재미있는 공통점을 하나 가지고 있었다. 바로 '하고 싶지 않았지만 한 일'에 대한 기억들이 대부분이었다.

평상시에 몸이 하는 행위들은 본능에 입각한 것들이 많다. 그냥 몸이 알아서 저절로 움직이는 것이다. 굳이 의식이 각성할 필요가 없다. 이것은 몸을 사용하는 것이 아니다. '몸을 사용한다는 것'은 몸을 부리는 존재가 따로 있는 것이다. 몸이 그냥 움직이는 것이 아니라 의식이 개입을 해서 몸을 사용하는 것인데 이런 경우라야 기억에도 남게 된다. 본능에 충실한 몸은 호랑이다. 그러니 의식의 개입은 곧 조련사가 눈을 뜬다는 의미다.

몸을 제대로 사용하기 위해서는
마음을 깨워야 한다

사람들에게 질문을 바꾸어서 "내 몸을 제대로 사용하지 못했을 때는 언제인가요?"라고 물으면 대부분 감정조절에 실패해서 후회할 만한 사고를 쳤을 때를 떠올린다. 나는 분명 '몸을 사용하지 못했을 때'를 물었는데 그들의 대답은 '마음을 제대로 조절하지 못했을 때'에 대한 것이다. 결국 몸을 올바로 사용하려면 몸을 부리는 조련사가 제대로 눈을 뜨고 있어야 한다는 것이다.

호랑이는 조련사가 깨어나는 것이 부담스럽다. 되도록 피하고 싶은 일이다. 조련사가 각성하고 나면 호랑이가 하는 일에 간섭을 하며 하기 싫은 일을 시킬 것이기 때문이다. 그래서 호랑이는 어떻게든 조련사를 계속 잠들어 있게 내버려두고 자신은 멋대로 활개 치며 다니고 싶어 한다.

맨 처음 질문에 대답을 했던 여자의 경우, 그녀의 호랑이는 여러 사람이 식사를 하고 나서 산더미처럼 쌓인 설거지를 보고 손도 대고 싶지 않았을 것이다. 그러나 평소에 조련사에게 잘 길들여진 호랑이는 갈등을 하며 스스로에게 질문을 던졌을 것이다.

'아무도 설거지를 안 하면 이것들은 누가 치우지?'

그리고 한편으로 귀찮아진 호랑이는 이런 질문도 던졌을 것이다.

'아니, 저 많은 설거지를 왜 내가 해야 해? 내가 다 먹은 것도 아닌데.'

호랑이는 호랑이다. 제아무리 잘 훈련된 호랑이라도 하기 싫은 것은 매한가지이다. 그렇지만 조련사가 "그럼. 저건 네가 해야 할 일이야."라고 단호하게 대답을 하자 군소리 없이 고무장갑을 끼고 개수대 앞에 섰을 것이다.

왜 호랑이는 반항을 하지 않은 것일까? 왜 조련사가 시키는 대로 고분고분 말을 들었을까? 그것은 조련사가 호랑이를 조련하는 방법 때문이다. 바로 호랑이의 마음을 사용하고 있기 때문이다.

조련사가 호랑이의 마음을 사용한 것이다. 육신이라는 호랑이를 제대로 길들이고 진정으로 '사용'하기 위해서는 우선 조련사가 각성을 하고 마음을 제대로 쓸 줄 알아야 한다. 이것이 바로 '마음 사용법'이다.

오늘의 마음사용법

오늘 당신의 몸을 사용해서 어떤 일들을 했는가? 기억이 나는가? 그런데도 당신이 당신의 몸을 사용했다고 할 수 있을까?

당신은 당신의 몸을 사용하는 주체이다. 귀찮아도 내가 해야 할 일을 하기 위해서는 몸보다 마음을 먼저 깨워야 한다.

마음이란 무엇인가?

　나는 강연을 할 때마다 사람들에게 빼놓지 않고 "마음은 무엇입니까?"라고 묻는다. 대부분의 사람들은 이 질문을 받았을 때 즉시 대답을 못하고 머뭇거린다. 자신의 마음에 대해 많은 이야기를 하는 사람들이 정작 마음이 무엇이냐고 물었을 때는 답을 찾지 못하는 것이다. 그러다 "마음은 감정이 아닌가요?"라고 되묻기도 한다. 어떤 사람은 "마음은 생각을 말하는 것 같은데요."라고 하기도 하고, 다른 사람은 "마음은 느낌에 가까운 것 같아요."라고 한다. 모두 그럴 듯한 대답들이다.

　그다음으로 나는 "그렇다면 지금 당신의 마음 상태는 어떤가요?"라고 묻는다. 머뭇거리다가 "제 마음은 계란과 같아요. 조금만 거칠게 다뤄도 금방 깨져버리거든요."라고 대답하는 사람이 있는가 하면 "제 마음은 사과와 같아요. 당장은 상큼하지만 상하기도 쉬워요."라고도 하고 "제 마음은 돌과 같아요. 감동도 없고 딱딱하고 건조하기 짝이 없어요."라고 하는 사람도 있다.

그러면 마지막으로 나는 이렇게 묻는다.

"마음은 저마다 자기가 생각하는 모습으로 존재할 수 있는 거네요. 그렇다면 왜 마음을 움직여 가장 좋은 쪽으로 생각하고 가장 멋진 이름을 붙여주지 않는 거죠? 만일 여러분의 얘기처럼 마음이란 것이 감정일 수도 있고 생각일 수도 있고 느낌일 수도 있는 데다 계란도 될 수 있고 사과도 될 수 있고 돌도 될 수 있다면 여러분 마음대로 마음을 정할 수 있다는 말이잖아요?"

그때 누군가가 말한다.

"그걸 우리가 우리 마음대로 할 수 있다고요?"

"당연하죠. 여러분의 마음이잖아요. 여러분 마음대로 하실 수 있죠."

마음이란 이렇듯 원래 자신의 마음대로 할 수 있어야 하는 것이다. 마음은 '나'라는 그릇 안에 담긴 무형의 무엇이기 때문이다. 그런데 왜 사람들은 "내 마음이 그렇게 마음처럼 되지 않아."라는 하소연을 자주 하는 것일까?

낚시를 갔다. 물고기 한 마리를 낚아 올렸다. 크기가 제법 되어서 팔딱거릴 때마다 묵직한 무게감이 손을 즐겁게 했다. 나는 낚은 물고기를 손질해서 매운탕을 만들었다. 생선 토막들이 냄비 속에서 맛있는 냄새를 풍기며 보글보글 끓고 있다. 역시 야외에서 먹는 밥은 맛있다. 매운탕에 밥 한 공기를 뚝딱 해치웠다.

당신에게 물고기는 어떤 모습으로 인식되어 있는가?

물속에 살아 있던 물고기?

낚싯줄 끝에서 퍼덕거리며 물 밖으로 끌려 나오던 물고기?

도마 위에 놓인 물고기?

매운탕 속의 물고기?

흔적도 없이 사라진 물고기?

우리가 보고 믿어왔던 현실은 시간에 따라, 그것을 보는 관점에 따라 모두 다르다. 그것은 현실이 아니라 내 마음에 비춰진 현재의 상태, 즉 현상인 것이다. 이 모든 것이 현상이라는 사실을 깨닫는 순간 우리는 현실을 괴로워하기보다 현상을 바꾸기 위해 마음을 닦게 될 것이다.

나의 마음 안에 우주가 있다

한 여자와 한 남자가 대화를 하고 있다.

"걔는 정말 못된 애야."

"왜? 어떤 짓을 했는데?"

그러자 여자가 대답한다.

"만날 때마다 지갑을 안 가져왔다면서 밥을 얻어먹잖아. 벌써 다섯 번째야."

남자는 흥미로운 듯이 여자에게 묻는다.

"그러네. 못됐네. 그런데 그 못된 친구가 벌을 받아야 할 텐데 왜 내 착한 여자 친구가 이렇게 기분이 나빴을까? 꼭 벌을 받고 있는 것 같네."

여자는 잠시 생각에 잠겼다가 대답을 한다.

"그러게. 왜 그렇지?"

남자가 다시 묻는다.

"그 친구가 진짜로 못된 사람일까?"

여자는 의아한 얼굴로 묻는다.

"그게 무슨 말이야?"

"음, 여기 있는 이 컵은 모두가 컵이라고 부르지. 그래서 우리는 이게 당연히 컵이라고 알고 있고 말이야. 만약 그 친구가 진짜로 못된 사람이라면 모든 사람이 걔를 못된 사람이라고 해야 하잖아. 그런데 그 친구는 누군가한테는 눈에 넣어도 안 아픈 딸이고, 또 누군가한테는 사랑스러운 아내일 수도 있잖아?"

여자가 대답한다.

"그거야 당연하지."

남자가 다시 묻는다.

"그러면 네가 말하는 그 못된 친구는 어디에 존재하는 걸까?"

여자는 생각에 잠긴 얼굴로 자신의 가슴 위에 가만히 손을 올려놓으며 말한다.

"여기, 여기에 있는 거네."

남자는 미소를 지으며 말을 이어간다.

"그래, 거기에서 그 못된 친구는 이제 그만 지워버려. 그래야 네 마음이 더 이상 상처받지 않을 테니까."

우리는 늘 안에서 밖을 보려고 한다. 내 눈이 늘 밖을 향하고 있기 때문이다. 안에서 일어나는 갈등과 분란의 씨앗들이 밖에서 날아 들어오는 것들이라고 생각한다. 그러나 모든 것은 내 마음속에 있다. 사실은 진짜로 마음속에 있는 것도 아니다. 마음속에 비춰진 것일 뿐이다. 그 하나의 상象을 진짜라고 여기는 순간 단순한 현상은 진실이 되어버린다.

어떤 나이 지긋한 남자가 나를 찾아왔다. 아내가 세상을 떠나고 나서 몹시 힘이 들었지만 시간이 지나고 나니 어느 정도 자신의 마음의 상처는 아문 것 같다. 그런데 아들이 여전히 우울해한다며 어떻게 하면 좋으냐고 물었다. 그래서 내가 물었다.

"저기 보이는 테이블을 어떻게 생각하시나요?

남자는 테이블 쪽을 잠시 쳐다보더니 대답했다.

"그냥 평범한 테이블이네요."

내가 말했다.

"저는 저기 앉을 때마다 이상하게 마음이 편안해지면서 영감이 떠오른답니다. 저한테는 아주 특별한 테이블이에요."

"아, 그렇군요."

내가 다시 물었다.

"지금 들리는 이 노래를 아시나요?"

마침 실내에는 귀에 익숙한 오래된 팝송이 울려 퍼지고 있었다.

"아, 네. 잘 알죠. 옛날에 저도 좋아했던 노래예요."

나는 미소를 지으며 말했다.

"저는 이 노래를 싫어한답니다. 좋지 않은 기억이 있어서요."

그는 머쓱한 표정을 지으며 고개를 끄덕거렸다. 그러자 이번에는 또 다른 질문을 던졌다.

"혹시 무슨 냄새가 나지 않으세요?"

"음…… 약간이요. 방향제 같기도 하고……."

"저는 이 냄새가 너무 좋아요. 이 냄새를 맡으면 기분이 왠지 좋아진달까요."

이제 그는 맞장구를 치거나 다른 반응을 보일 의욕조차 잃은 듯 흥미 없는 표정을 짓고 있었다.

"왜 똑같은 것을 보고 듣고 냄새를 맡으면서 우리는 서로 다른 것을 느낄까요?"

그러자 그는 허탈한 웃음을 지으며 대답했다.

"허허, 그거야 당연한 것 아니겠어요? 서로 생각이 다르기 때문이죠."

그래서 나는 말했다.

"그렇죠. 생각이 다르기 때문이죠. 그러면 우리가 서로 보고 듣고 냄새를 맡는 것이 똑같다고 할 수 있을까요?"

그는 대답을 하지 못했다.

"절대적으로 똑같은 게 있을까요? 혹시 마음에 따라 변하는 건 아닐까요?"

그가 나를 쳐다보며 말했다.

"그렇게 볼 수도 있겠군요. 마음에 따라 변할 수도 있겠네요."

그러자 나는 물었다.

"어떻게 마음에 따라서 변하게 되는 걸까요?"

그는 고개를 내저으며 "아이고, 너무 복잡하네요. 아무리 제 마음이라도 어떻게 변하는지 제가 어떻게 알겠어요."라고 했다.

그래서 나는 말했다.

"마음은 스스로 정하지 않으면 제멋대로 가게 된답니다. 처음 저를 만났을 때를 기억하시나요?"

그가 기억이 난다는 듯 고개를 끄덕였다. 그러자 나는 그에게 물었다.

"그때 정말 반갑게 맞아주셨죠. 얼마나 반가운 표정을 지으시

던지 그 후로도 마음속으로 늘 감사하게 생각하고 있어요. 그런데 그때 왜 그렇게 반가워하셨나요?"

그는 잠시 생각에 잠겼다가 대답했다.

"잘 기억은 안 나지만 아마도 제게 먼저 웃어주셔서 그랬던 것도 같습니다만……."

"자세히 기억을 떠올려보세요. 그때 식당 앞에서 차에서 내리자마자 저를 보고 먼저 다가오셔서 악수를 청하셨거든요."

그가 대답했다.

"아, 그랬죠. 그때 차에서 내리는데 식당 앞까지 나와서 저를 기다리고 계신 걸 보고 송구스러운 마음에 더 반갑게 인사를 드렸던 것 같습니다만……."

"아, 그런가요? 기억이란 뭘까요?"

그는 나의 갑작스러운 물음에 당황한 듯 보였다.

"보통 기억이라고 하면 실제로 일어난 일을 머릿속에 저장해두는 거라고 생각을 하죠. 그렇다면 어째서 기억을 제대로 떠올리는 일이 이렇게 힘들까요? 그리고 기억은 과연 전부 사실일까요? 아까 말씀드린 게 사실, 사실이 아니거든요. 식당에 먼저 와 있었던 것은 당신이었고, 식당 밖으로 저를 마중 나온 것도 당신이었어요. 저는 약속에 늦은 게 미안해서 더 과장해서 반갑게 인사를 했었죠."

그러자 그는 황당하다는 듯 나를 쳐다보았다.

"그…… 그랬었나요? 이런. 처음 말씀하신 것을 들었을 때 전 그때 진짜로 그랬었던 것처럼 기억이 났는데 그게 사실이 아니었다니…… 이거 참 당황스럽네요."

말까지 더듬으며 진땀을 흘리는 그를 보며 나는 말했다.

"한마디로 말씀드리자면 기억이란 게 상상에 불과하기 때문입니다. 상상이기에 기억을 왜곡시키거나 새로운 기억을 창조하는 것도 가능한 것이지요."

기억은 이미 지나간 과거의 일이다. 이제 와서 내가 바꿀 수 있는 것은 아무것도 없다. 우리가 할 수 있는 일이란 그저 나에게 이로운 쪽으로 생각하고 마음을 먹는 것이다. 내 마음이 이끄는 대로, 내가 그리는 대로 기억은 기억된다. 그러니 나에게 가장 좋은 것을 기억으로 남겨두면 된다. 그것이야말로 나만이 할 수 있는 일이지 내가 가진 특권이다.

이렇게 내가 원하는 대로 기억되는 기억처럼 마음이 투영하고 있는 상은 호랑이가 보고 만지고 듣고 느낀 것, 그리고 호랑이가 옳다고 믿는 진리에 사회적 편견이나 선입견, 다른 사람의 생각을 생각하는 나의 생각이 뒤엉켜 영향을 미친 결과다. 그래서 그 상은 현실도 진실도 아니다. 그것을 진실이라고 믿고 있는 것은 호랑이다. 그래서 호랑이는 아무리 내가 왜 이런 생각을 갖게 되었는지, 왜 상처들을 극복하지 못하고 이렇게 해묵은 오해로 버려놓게 되었는지 고민해봐도 답을 알아낼 수가 없다. 그것이 조작된 것이며 상대적 관념일 뿐이라는 것을 아는 것은 조련사뿐이다. 그래서 오직 조련사만이 호랑이의 마음을 움직여 마음의 허상을 깨닫고 마음을 올바로 사용할 수 있도록 호랑이를 조련할 수 있는 것이다.

오늘의 마음사용법

마음에 관한 책은 수없이 많지만 마음이 무엇인지 확실하게 말하고 있는 책은 없다.

마음은 참으로 변화무쌍하다. 마음의 본질이 거울이라는 것을 깨닫기는 매우 힘들다. 거울은 거울에 따라 서로 다른 것을 비추기 때문이다.

그래서 마음의 본질을 아는 조련사만이 마음을 올바로 사용할 수 있도록 호랑이를 조련할 수 있다.

마음은 거울이다

거울의 0단계, 1단계 - 눈(진실)을 의심하는 능력

아무리 좋은 시력을 가지고 있어도 이 세상에서 내가 결코 볼 수 없는 한 가지가 있다. 바로 나의 얼굴이다. 그런데 한 번도 눈으로 똑바로 마주한 적이 없는 자신을 우리는 어떻게 '나'라고 생각할 수 있을까?

개에게 거울을 보여주면 고개를 갸우뚱거리거나 사나운 개들은 맹렬하게 으르렁댄다. 맹수들도 거울을 보여주면 당황해서 덤벼든다. 그들은 거울을 거울로 인식하지 못하기 때문이다. 그래서 갑자기 자신의 영역 안에 자신과 같은 종의 누군가가 나타났으니 놀라는 것이다. 좀 똑똑한 녀석들은 거울의 뒤편을 살피기도 한다. 그러나 이내 거울 앞으로 돌아와 다시 거울을 보며 경계 태세를 유지한다. 이것이 거울을 인식하는 0단계, 다시 말하면 거울을 아예 거울로 인식하지 못하는 단계이다.

오랑우탄 이상의 영장류들만 거울을 거울로 인식한다고 알려져 있다. 인간은 과연 어떻게 거울 안에 있는 사람이 자신이라는 것을 알게 되었을까?

아이는 자신의 얼굴을 전혀 볼 수 없지만 늘 옆에 있는 엄마의 얼굴은 잘 알고 있다. 그런데 엄마의 품에 안겨 거울 앞에 섰을 때 거울 안에 있는 엄마와 그 옆의 누군가를 보게 된다. 손을 들어 엄마의 얼굴을 만졌더니 거울 안의 그 누군가가 자신과 똑같은 행동을 하는 것을 보며 '아, 저게 바로 나구나.'라는 생각을 하게 될 수 있다. 그러나 그보다 중요한 것은 거울을 처음 보는 아이의 행동이다. 거울을 처음 본 아이는 거울 속에 비친 자신의 모습을 보며 다른 동물들과 매우 다른 행동을 한다. 거울에 손을 갖다 대는 것이다. 그리고 금세 그 살아 있는 것 같은 아이는 실제가 아니고 바로 자기 자신이 거울에 비춰진 것이라는 것을 추측으로 알게 된다.

'내 눈에 보이는 저게 진짜일까?'라고 의문을 품는 것은 누구나 그럴 법한 일이다. 너무나 아무것도 아닌 것처럼 들릴 수 있지만 이 '발견'의 무게는 그리 가벼운 것이 아니다. 아이는 그 어떤 동물도 하지 않았던 일을 해낸 것이다. 바로 진실을 의심한 것이다.

모든 동물은 눈에 보이는 대로 보고 그것을 믿는다. 그러나 이 아이는 보이는 것을 믿지 않고 검증을 한 것이다. 자신이 생각할 수 있는 방법을 모두 동원해서 그것이 진짜인지 아닌지를 검증해 낸 것이다. 이 얼마나 위대한 일인가! 그리고 눈에 보이는 그것이 거짓이라는 것을 알아차린 것이다. 그것은 어마어마한 상상력이다. 인간이 동물과 다른 점, 인간을 원초적으로 동물과 차별화된 영역으로 가져다놓을 수 있는 그것이 바로 진실을 의심하는 능력이다. 여기에서부터 생각이 시작된다. 그리고 이 생각은 나중에 거짓을 만들어내는 단계로까지 발전한다.

　　이 거짓을 만들어내는 능력이 바로 상상력이다. 주위를 한 번 둘러보라. 인간이 만들어낸 모든 것들은 바로 이 능력에서부터 출발한다. '진짜'라고 믿어지는 것들을 의심하는 능력이 없었다면 '거짓'을 만들어내는 능력인 상상력도 존재할 수 없었을 것이다. 그리고 그 상상력이 없었다면 우리가 누리고 있는 지금의 이 세상을 만들어낼 수도 없었을 것이다. 그러나 이런 능력이 노력해서 갖게 되는 것은 아니다. 태어나면서부터 저절로 주어지는 것이다. 0단계와 1단계는 그 태생의 차이로 섞일 수 없다.

　　거울의 단계에서 하위 단계의 존재들이 상위 단계로 올라가는 것은 상위 단계의 존재들을 보며 그 단계로 올라가고자 하는 마음이 생겨야 가능하다. 그러나 0단계의 본능적 존재들은 1단계의 존재들을 보며 부러워하지 않는다. 개들이 멋진 차를 운전하고 있는 인간을 보며 '나도 저렇게 운전을 해보고 싶다'고 생각하지 않는다는 것이다. 0단계는 상위 단계를 부러워하지도 않거니와 그 단계 밖으로 넘어설 능력이 애초부터 없다. 이것을 그저 동물과 인간의 차이로 단순하고 명확한 경계를 두기에는 좀 더 깊은 의미를 내포하고 있다. 0단계의 존재들은 본능에 충실한 호랑이 자체로서 존재하는 것이다. 어떤 수에 0을 곱해도 결과가 0이 되는 것처럼 이 단계에서는 모든 것이 본능으로 귀결된다.

그러나 1단계의 존재들은 호랑이로서만이 아니라 조련사가 함께하는 존재다. 따라서 상위 단계로 올라가는 것이 가능해진다. 상위 단계로의 진화는 '아는 것'만으로 이루어지지 않는다. 지식을 본인의 것으로 만들어야 한다. 그래야 부러워하는 것에서 그치지 않고 그 너머로 갈 수 있다.

상위 단계로 가고자 하는 호랑이의 욕구는 우리의 삶을 왜곡된 방향으로 이끌어왔다. 아름다운 것이 보고 싶고 명품을 갖고 싶은 욕구는 아름다운 것을 보는 동안 나도 아름다워지는 것 같고 명품을 걸치면 나도 명품이 되는 것 같기 때문이다. 그러나 호랑이의 생각처럼 사람이 아름다워지고 명품이 되는 것은 그리 간단하지 않다. 그래서 1단계를 벗어나지 못한 채 끊임없이 2단계를 꿈꾸는 것이다. 소유로 존재의 변화를 일으키는 것은 불가능하다. 존재에 변화를 이룰 수 있는 것은 스스로 거울의 단계를 한 단계, 한 단계 높여 나가는 것뿐이다.

거울의 2단계 - 말하는 거울

1단계에서 2단계로 넘어오는 것은 2단계에서 나머지 단계를 밟아나가는 것을 합친 것보다도 어렵다. 그리고 그만큼 중요하기도 하다.

어느 날 친구를 만났는데 그 친구가 당신을 보자마자 난데없이 빈정거리는 투로 이렇게 말했다고 생각해보자.

"야아, 얼굴에 살 좀 봐라. 아주 욕심이 그득그득 찼구만."

그 말을 듣고 당신은 화가 치밀어 오른다. 어느 누가 그런 소리를 듣고 가만히 있겠는가? 당신은 친구가 당신의 기대와 달리 당신을 '무시'한 것에 분노를 느낀다. 그런데 모든 사람이 당신에게 이런 얘기를 할 리는 없을 것이다. 그렇다면 그의 말은 진실이 아니다. 그저 그 순간 그 친구가 그렇게 '느낀 것'이다. 그렇다면 '느낌'이란 무엇인가? 느낌은 마음의 순간적인 반응이다. 즉 그 친구는 자신의 마음이라는 거울에 당신이 어떤 모습으로 어떻게 비춰지고 있는지를 당신에게 이야기한 것이다.

사람의 마음은 말하는 거울이다. 자신에게 비춰진 대로 말을 한다. 그 친구의 마음의 거울 앞에 당신을 비춰보았는데 그의 거울은 당신을 '더러운 욕심쟁이'라고 했다. 그렇지만 이것이 진실은 아니다. 모든 사람들이 당신을 그렇게 생각하고 있지 않기 때문이다. 그 거울이 진실을 그대로 비추지 못하는 것은 당신이 아니라 거울에 문제가 있어서다. 어떤 거울 앞에 섰는데 그 거울에 마침 때가 끼어서 자신의 모습이 제대로 보이지 않는다고 거울에다 대고 화를 내는 사람은 없을 것이다. 그런데 왜 우리는 매번 이런 짓을 되풀이하고 있는 것일까? 거울을 보며 으르렁대는 개를 '바보'라고 생각하며 비웃었다면 그 비웃음은 이제 누구의 것이겠는가?

마음에 상처를 주는 말뿐만 아니라 좋은 말 역시 마찬가지이다. 누군가 당신을 보면서 "당신은 정말 천재예요. 당신 같은 사람이 존재한다는 것만으로도 인류의 축복이 아닐 수 없어요."라고 한다면 얼마나 기분이 좋겠는가? 목에 한껏 힘이 들어갈 만한 칭찬이다. 그런데 이 역시 그의 마음의 거울에 비친 하나의 상일뿐이라는 것이다. 뚱뚱한 사람이 오목거울 앞에 서서 거울에 비친 늘씬한 자신의 모습을 보며 황홀경에 빠져 있는 것과 다를 바가 없다. 그러니 이 '말하는 거울'이 하는 거짓말에 휘둘릴 이유가 없다.

말하는 거울은 거울마다 하는 말도 다르다. 똑같은 것이 거울마다 제각각 다르게 비춰지기 때문이다. 그렇게 거울마다 서로 다른 모습을 비추고 다른 말을 하기 때문에 갈등이 시작된다. 진짜가 무엇인지 모르는 것이다. 과연 그 '진짜'라는 게 정말로 있다면 그 무수한 거울들 중 어느 하나는 '옳은 말'을 하고 있어야 한다. 그러나 어느 거울이 올바르게 모습을 비추고 있는지 누가 증명할 수 있을까?

진짜가 아닌 모습을 진짜라고 믿는 것은 망상이다. 그 망상을 만들어내는 요인은 편견, 선입견, 감정, 지식, 생각, 진리라고 믿는 것들, 정의라고 믿는 것들, 옳다고 믿는 것들 등 다양하다. 이것들에 의해 거울에 비친 상이 왜곡되고, 그 왜곡으로 인해 거울은 '거짓말'을 하게 되는 것이다.

우리가 평소에 하는 생각이란 많은 부분이 이런 '망상'들로 이루어져 있다. 그래서 나는 사람들에게 이렇게 이야기한다.

"여러분의 마음은 풍전등화입니다. 지금 알았다고 해서 진짜 아는 것이 아닙니다. 금세 그 '앎'은 무너지게 될 것입니다. 그러나 그것을 깨닫는다면 곧 다시 불을 켤 수 있게 될 것입니다. 이런 걸 자꾸 하다보면 불을 꺼트리지 않는 법을 터득하는 2단계에 다다를 수 있습니다."

거울을 구분하는 1단계에서 2단계로 오르는 데는 몇 가지 중요한 조건들이 필요하다. 1단계에서 아래의 조건들을 제대로 거치지 못하면, 우리는 2단계로 오를 수 있는 능력을 얻을 수 없다.

이 조건들은 사실 어린 시절에 형성되기 때문에, 아이들을 키우는 엄마들이나 예비 엄마들에게 아주 중요한 내용이다. 그리고 만약 여러분의 어린 시절에 아래의 조건들이 부족했다고 느껴진다면 더 많은 수련을 통해서 터득해가야만 한다.

첫 번째 조건은 사랑받는 것이다. 마음껏 사랑받아야 한다. 그것을 통해 아이들은 사랑이 생겨난다. 아이들이 사랑받는다는 것은 무슨 의미일까? 그것은 우리가 생각하는 것보다 훨씬 더 큰 의미가 있다. 자신을 몸의 존재에서 마음의 존재로 인식하기 시작하는 것이다. 그래서 조건 없이 받는 사랑의 결여는 우리의 상상을 초월할 만큼 가혹하다. 사랑을 받지 않으면 조련사가 형성되지 않기 때문이다.

22명을 토막 살해한 유영철의 일기는 이렇다.

"내가 가장 놀랐을 때는 잘라놓은 머리가 굴러 떨어졌을 때도 아니고, 머리 없는 몸뚱이가 나에게 덤벼들었을 때도 아니다. 그 순간 걸려온 아들의 전화에서 '아버지, 아직 감기 안 나으셨어요?'라고 아들이 물었을 때다."

사랑받지 못하는 사람은 범죄에 빠지기 쉽다. 왜냐하면 조련사의 형성이 되지 않기 때문이다. 사랑을 받아야 조련사가 형성된다. 엄격히 말하면, 그래서 사랑 받지 못하면 자신이 무슨 짓을 하는지를 알지 못하게 된다. 유영철은 사람들을 죽여도 아무런 죄책감을 느끼지 못했다. 자신이 무슨 짓을 하는지 모르기 때문이다. 하지만 아들에게서 걸려온 전화에서 아들의 사랑을 느끼는 순간, 유영철은 자신이 무슨 짓을 하는지 알게 된 것이다. 얼마나 끔찍했을까? 유영철의 어린 시절은 사랑이 없었다. 모든 흉악범들의 어린 시절도 모두 비슷했다.

사랑받으면 조련사, 즉 자아가 생겨난다. 그리고 많이 받으면 자아가 강화된다.

자아가 강화되면 두 번째 조건인 자신을 느끼게 된다. 자신의 몸을 적극적으로 사용하기 시작하는 것이다.

내가 캐나다에 갔을 때, 사촌동생이 17개월 된 아이에게 밥을 먹이기 위해 스마트폰을 보여주며 이렇게 말했다.

"아, 참, 이러면 안 되는데, 어쩔 수 없어."

아이는 스마트폰을 보면서 온순하게 입을 딱딱 벌리고 밥을 받아먹었다.

나는 사촌동생의 말을 안 들었다면, 그들의 삶에 관여하지 않았을 것이다. 하지만 그 말을 듣고는 가만히 있을 수 없었다.

"너, 혹시 애가 아까 어떻게 밥을 먹었는지 아니?"

사촌동생이 이야기했다.

"아니, 어떻게 먹었는데?"

나는 말을 이었다.

"니가 스마트폰을 주기 전에 아이는 스스로 밥을 먹기 위해 포크를 들고, 밥을 흘리며 먹었단다. 그런데 니가 스마트폰을 주자, 아이는 그냥 입을 쩍쩍 벌리며 받아먹기만 하더라, 아이에게 먹는 것이 중요한 것 같지만, 사실 아이가 중요하게 생각하는 것은 스스로 먹는 것이란다. 자신의 몸을 이용해서 먹는 것, 그것이 가장 중요한 일이야."

내 이야기에 고맙게도 사촌동생은 스마트폰을 감췄다. 이것은 무슨 이야기인가 하면, 내적 구분이 일어난 것이다. 조련사와 호랑이의 구분이 일어난 것이다. 자연스럽게 엄마에게 받은 사랑이 조련사를 깨웠다면, 이제 조련사가 호랑이를 사용하는 훈련이 시작된 것이다. 이것이 바로 자아의 성장이다. 이 둘의 관계가 잘 발전하기 위해서는 어린 시절의 소통이 중요하다. 그것은 너무나 자연스럽게 이루어진다. 그냥, 자신의 몸을 자신이 잘 사용하면서 이루어진다. 그 사용이 세밀하고 많을수록 아이의 자아는 성장하게 된다.

그런데 현대의 기술발전이 그 소중한 성장에 개입하기 시작한 것이다. 이것은 그냥 그런 일이 아니라 무시무시한 일이다. 우리의 미래들이 자폐가 되어가는 것이다. 자폐는 자신을 닫았다는 말이다. 즉, 호랑이와 조련사의 소통이 닫혔다는 말이다. 이것은 수많은 ADHD와 자폐아가 양산된다는 말이다. 그리고 그들이 다음의 우리의 세계를 이끈다는 이야기다. 그런데 엄마들은 다들 그렇게 한다며, 방임한다. 우리가 맞이하게 될 비극이 되는 것이다.

물론 자폐나 ADHD에 영향을 주는 것에 다른 다양한 원인이 있을 수 있지만, 확실한 것은 위의 두 가지 충분히 사랑받고 자신을 사용할 기회가 많아진다면, 그 확률이 떨어지는 것은 자명한 일이다.

지금까지 설명한 것은 호랑이로 태어난 존재가 사랑을 받음으로써 조련사가 생기게 되고, 조련사가 호랑이를 인식하게 됨으로써 내부에서 깨어난 조련사가 호랑이를 인식하는 인식의 주체가 되는 과정을 설명하고 있다.

세 번째는 인식의 주체로서의 전환이다. 돌이 지난 아이가 자신의 먹을 것을 부모의 입에 넣어주는 것은 바로 부모에게 받은 사랑과 자신의 몸을 사용하게 된 내적 구분을 통해 성장한 아이가 이제는 외적으로도 인식의 주체가 되기 위해 노력하고 있는 것이다. 세 번째는 바로 사랑받는 존재가 아니라 사랑을 주는 존재로서의 변화인 것이다. 이로써 아이는 1단계 인간으로서의 기본이 갖추어지는 것이다.

네 번째는 말을 거는 것이다. 말을 하게 된 아이들은 아무것에나 말을 걸어댄다. 그것이 사람이건 동물이건 장난감이건. 그리고 그들이 무슨 말을 했는지를 듣는다. 물론 그것들이 말을 할 리는 만무하다. 하지만 아이들은 그것을 듣는다. 그것들이 말하는 것을 듣는 것이 아니라, 그들이 원하는 것을 듣는다. 이 얼마나 희한한 능력인가? 이 능력을 성장해서도 갖는 자들이 잘 하는 일이 시를 짓는 일이다.

다섯 번째는 말을 어느 정도 하게 된 아이들에게서 관찰되는 것이다. 아이들이 말을 하게 되면 쉴 새 없이 질문을 한다. 그 질문들을 통해서 세상을 알아가고 있는 것 같은데, 여기에는 좀더 다른 의미가 숨겨져 있다. 아이들이 세상을 알고 싶은 본능적 욕구 이면에 다른 것이 존재한다. 끝없이 '왜?'라는 질문을 던지는 아이들은 결국 하나를 향해가고 있었다. 그것은 모든 질문이 만나는 한 점이다.

"나는 누구인가?"

그 어떤 질문도 결국에는 계속해서 하다보면 이 질문을 만나게 된다.

아이가 묻는다.

"이게 뭐예요?"

"응, 그건 꽃이란다."

"왜, 꽃이라고 해요?"

"음, 그러면 뭐라고 부를까?"

"부르는 건 뭐예요?"

"부른다는 건 이름 붙이는 거야."

"이름은 뭐예요?"

"음, 네 이름이 감동이잖아, 그렇게 부르잖아."

"왜 내 이름이 감동이 되었어요?"

"그냥, 그렇게 이름을 붙이는 거야, 모든 게 그래."

"왜, 그냥 그렇게 이름 붙였어요?"

"……."

모든 질문은 '나는 누구인가'로 귀결된다. 이 질문들을 통해서 호랑이는 자신의 조련사를 찾아 나서고 있는 것이다. 이 질문들에 성심성의껏 답해주어야 한다. 그리고 한 시점에서 이제 질문해주어야 한다. 그 순간 호랑이는 조련사를 깨울 수 있게 된다. 그리고 그런 기나긴 작업을 통해서 비로소 깨어난 조련사만이 2단계로 넘어갈 수 있는 능력이 배양된다.

이렇게 내적으로 호랑이를 바라보는 인식의 주체인 조련사가 잘 성장하고, 이 조련사를 통해서 잘 훈련된 호랑이가 스스로 판단하지 않고, 조련사에게 물을 때 거울의 2단계로 넘어오게 되는 것이다.

거울의 3단계 - 거울에 숨은 진실

어느 날 운전을 하다가 횡단보도 앞에서 신호등에 걸려 차를 멈췄다. 멀리서 목발을 짚은 사람이 길을 건너기 시작하는데 걷는 속도가 너무 느려서 아무래도 신호가 바뀔 때까지 길을 다 건너지 못할 것 같았다. 아니나 다를까. 녹색 신호등이 꺼졌지만 그는 느릿느릿 당신의 차 앞을 지나가고 있다. 빨간 불로 바뀐 보행자 신호를 봤는지 못 보았는지 하염없이 당신의 시간을 잡아먹고 있는 그를 보며 평소 같았으면 화를 내거나 경적을 울렸을 테지만 조용히 그가 횡단보도를 무사히 지나갈 때까지 기다린다. 당신이기 때문이 아니라 보통의 사람이라면 누구나 그렇게 했을 것이다.

이제 이야기를 좀 바꿔보자. 모든 상황은 동일한데 보행자가 사지가 멀쩡해 보이는 사람이다. 신호가 바뀌었는데도 불구하고 그는 느릿느릿 걸으며 당신의 차 쪽을 쳐다보며 히죽히죽 웃기까지 한다. 당신은 치밀어 오르는 화를 참지 못하고 경적을 울리고 창문을 열고 욕을 퍼붓는다. 그는 그런 당신을 보며 오히려 더 킥킥거리며 웃는다. 보통의 사람이라면 당연히 화가 머리끝까지 날 만한 상황임에 틀림이 없다.

앞의 상황에서 당신이 보행자를 끝까지 침착하게 기다려준 것은 무엇 때문인가? 그가 눈으로 보기에 장애가 있고 그 장애를 당신이 인지하였기에 분노를 느끼지 않는 것이다. 그러나 뒤의 상황은 어떤가? 그가 눈으로 보기에 멀쩡하니 아무런 문제가 없어 보였기에 엄청난 분노를 느낀 것이다. 그런데 당신의 생각처럼 그가 정상일까?

당신은 그 순간 육신의 문제만 보고 있었던 것이다. 후자의 상황처럼 횡단보도를 건너며 일부러 그런 행동을 하는 사람은 어떻게 생각해도 정상이라고 보기 어렵다. 전자의 이야기 속에서 힘겹게 횡단보도를 건너던 사람은 언젠가는 나아서 목발을 벗을 수 있는 병을 앓고 있는 것이지만 뒤의 이야기 속 보행자는 언제 나을지 알 수 없는 보이지 않는 병, 즉 마음의 병을 앓고 있는 사람이다. 그런데 여기에서 매우 중요한 질문이 있다.

'그 마음의 병은 진짜로 그에게 있는 병일까?'

당신은 평소 겸손하고 가끔 성실하다는 칭찬도 듣는 평범한 사람인데 지금 분노의 불길에 마음이 활활 타오르고 있지 않은가? 왜 이런 일이 벌어졌을까? 당신의 마음 역시 거울이라는 것을 망각했기 때문이다.

호랑이는 자신이 믿는 '진리'로 인해 스스로를 해치게 된다. 이 진리의 거울은 인류 역사 속에서 인간의 영적 성장을 가로막는 큰 걸림돌이 되었다. 이 진리의 거울에 대해 경고한 두 현자 중하나가 예수이다. 예수를 곤란에 빠트리고자 했던 바리세인들은 예수 앞에 간음죄를 지은 여인을 데리고 온다. 그리고 예수에게 묻는다.

"우리의 율법에 따르면 저 여자를 돌로 쳐서 죽여야 하는데 어찌 하오리까?"

엄청나게 머리를 쓴 간악한 질문이 아닐 수 없다. 만일 허락을 하지 않는다면 예수는 율법을 파괴한 자가 되어 법정에 서야 하고, 만일 허락을 한다면 그것은 그의 가르침을 스스로 반박하는 셈이 되는 것이다.

예수가 말한다.

"너희 중에 죄 없는 자가 저 여자를 돌로 쳐라."

그의 이 명료한 답에 바리세인들은 계속해서 시비를 건다. 그러자 예수가 또 말한다. 성경구절 가운데에서도 가장 많이 이용되는 명문이다.

"진리가 너희를 자유케 하리라."

그러자 바리세인들이 발끈한다.

"우리는 아브라함 이래로 자유롭지 않은 적이 없는데 어째서 우리를 자유롭지 않다고 하시오?"

그러자 예수가 말한다.

"너희는 모두 죄의 종이라. 종은 아버지의 집에 영원히 거하지 못하거니와 아들은 아버지의 집에 영원히 거하나니 아들로 말미암지 않고는 아버지께로 갈 자가 없느니라."

'종'은 아버지의 집에 거할 수는 있으나 영원할 수는 없고 '아들'은 아버지의 집에 거하면서 영원하다. 즉 이 말을 달리 해석하자면 진리가 아닌 것이 진리로 받아들여질 수는 있으나 그것이 영원히 진리가 되지는 못하고 진정한 진리만이 영원히 남을 수 있다는 것이다.

예수의 앞에 끌려왔던 여인은 간음죄를 지었다. 그 여인에게 사람들이 돌을 던지면 그 사람들은 살인죄를 짓게 된다. 간음죄는 이미 그 여인에 의해 저질러졌지만 살인죄는 아직 짓기 전이다. 그러면 이상하지 않은가? 그 사람들은 여인이 과거에 저지른 죄로 인해 그 순간 살인죄를 저지르게 생긴 것이다. 왜 이런 일이 벌어졌을까? 바로 '간음을 하면 안 된다는 진리' 때문이다. 이 진리가 진정 그들을 자유롭게 하고 있는가? 아니다. 오히려 살아 있는 여인을 돌로 쳐서 죽여야 하는 괴로움에 내던져지고 있다.

방법은 있다. '간음을 하면 안 된다는 진리'를 남이 아니라 나에게만 적용하면 된다. 나만 지키면 그 지키는 순간 죄로부터 자유로워질 수 있다. 남에게 적용하여 단죄하려는 순간 그 진리에 나는 발목이 잡히는 것이다. 그래서 '진리가 너희를 자유케 하리라.'는 말은 '너희를 자유롭게 하는 것이 진리다.'로 해석되어야 한다. 사실은 진리가 있는 것이 아니라, 진리라고 생각하는 마음이 있어 그들이 진리라고 생각한 것을 율법으로 만들고, 그 안에 구속당하게 되는 것이다.

거울의 3단계는 자신의 거울에 비친 상이 거짓임을 알아차리는 것이다. 즉 호랑이가 진실이라고 믿고 있는 거울을 의심하는 것이다. 이것은 자신의 호랑이를 인식하는 단계이다. 그 호랑이의 거울에 비친 상을 진실이라고 생각해왔지만 그것이 그저 호랑이의 거울에 비친 왜곡된 모습일 뿐이라는 것을 깨달아야 한다. 당신을 지옥불 같은 분노에 떨게 했던 횡단보도의 '멀쩡한 보행자'가 사실은 당신의 호랑이의 마음의 거울에 비친 상일 뿐인 것이다.

이 3단계 거울의 이름은 '진리의 거울'이다. 이름은 이러하나 이 거울 역시 망상의 거울이다. 다만 이제까지는 거울을 보는 상대방이 망상을 일으켰다면 이제는 거울의 주인인 나 자신이 망상의 주체가 되는 것이다.

거울은 호랑이의 것이다. 호랑이는 자신의 마음, 즉 거울에 비친 상을 '진짜'라고 믿으며 괴로워한다. 이 얼마나 안타까운 일인가? 1단계의 존재인 나는 이 지점에서 0단계의 동물들보다 못하다. 그들은 내일 먹을 것을 생각하며 오늘을 걱정하지 않고 보이는 대로 믿고 아무런 의심 없이 살아간다. 어쩌면 이쪽이 더 마음 편한 삶일지도 모른다. 그러나 이 단계에서 더 이상의 진전을 이루지 못한다면 그것은 앞으로 얼마든지 진화할 수 있는 존재로서의 의미를 버리는 것이다.

모든 사람들에게는 저마다 '나쁜 사람들'이 있다. 내가 미워하는 사람들이다. 나를 아껴주고 사랑해주는 사람을 미워하는 사람은 드물다. 내가 미워하는 사람은 결국 나를 사랑해주지 않는 사람들이다. 타인에게 사랑받고자 하는 것은 우리의 근본적인 본능이므로 그 본능을 충족시켜주지 않는 상대방은 나에게 '나쁜 사람'이 된다. 그가 '나쁜 사람'이라는 것은 내 마음에 비친 그 사람이 '나쁜 사람'으로 비춰져 있는 것이다. 내 마음이 나쁘게 되었기에 이런 '나쁜 상'이 맺힌 것이다. 따라서 진리의 거울은 '갈애渴愛의 거울'이기도 하다. 이 거울에 왜곡을 일으키는 요인은 질투, 시기, 놀림, 미움 등이 있다. 이것들은 모두 사랑받고 싶은 마음의 또 다른 표현들이다.

질투와 시기로 나쁜 사람을 만들어내고, 그 나쁜 사람 때문에 괴로워하는 굴레에서 벗어나기 위해서는 자신의 존재에 대한 자각이 필요하다. 이 모순 속에서 끝없이 괴로움을 당하는 것은 호랑이지만 당신은 호랑이를 데리고 사는 조련사다. 조련사로서 존재에 대한 자각을 이룬다면 처음부터 나쁜 상이 맺히는 일은 일어나지 않는다. 시작부터 달라지는 것이다.

거울의 4단계 - 생각이 모든 것을 만든다

사람들은 자신의 감각기관이나 마음을 통해 받은 느낌들을 진실이라고 믿는다. 그러나 이것들은 진실이라고 하기에는 애초부터 여러 가지 문제점들을 가지고 있다.

첫째, 모든 사람들이 느끼는 것은 제각각 다르다는 것이다. 저마다 처한 상황이나 조건에 따라 반응이 다르게 나타난다. 가장 쉬운 예로 우리가 가장 민감하게 반응하는 '한일전'에서 한국이 막판 역전골로 아슬아슬하게 승리를 했을 때를 보자. 한국의 축구팬들은 서로를 얼싸안고 기뻐하며 건배를 외치고 일본에서 경기를 보던 일본 축구팬들은 눈물을 흘리며 슬퍼하고 더러는 화를 참지 못하고 소란을 일으키기도 한다. 아주 당연한 것 같지만 어째서 같은 일을 두고 양쪽에서 받는 느낌이 이렇게 정반대일까? 느낌은 진짜가 아니다. 그저 상황과 조건에 맞춰 우리의 감정 체계가 반응을 보인 것에 불과하다. 앞서 말했듯 '당연한 것'은 없다. 우리가 당연하다고 생각하게 되는 것들을 의심해보아야 한다. 모든 것에는 이유가 있다.

우리가 매일같이 쓰는 컵은 어떻게 해서 만들어진 것인가? 흙과 물을 섞어서 구운 것이다. 그러면 흙 반죽이 만들어지기 이전으로 거슬러 올라가보면 어떤가? 그 시작은 '흙과 물을 섞으면 뭔가를 만들 수 있지 않을까……'라는 누군가의 아이디어였다. 즉 모든 것의 출발점은 머릿속에 떠올린 '생각'이라는 것이다.

세상에는 생각이 만들어내지 않은 것이 없다. 그리고 우리는 그 생각이 만들어낸 것들에 둘러싸여서 살아간다. 그리고 이것들을 '당연한 것'으로 여긴다. 그러나 이런 믿음에 의심을 가져볼 필요가 있다. 내가 가지고 있는 컵들 중에 내가 사랑하는 사람이 유난히 아끼는 컵이 하나 있다. 그런데 그만 그 사람이 세상을 떠나고 말았다. 그러면 그 컵은 나에게 그 이전과 같은 컵일까? 세상에는 그것과 똑같은 컵이 셀 수도 없이 많을 것이고 나도 많은 컵을 가지고 있지만 그 컵은 가치를 매길 수 없을 정도로 소중한 컵이 되었다. 누군가의 생각으로 인해 만들어진 컵이 나의 생각으로 인해 다시 태어나는 순간이다. 당신이 인식의 객체가 아니라 주체가 되면서 당신의 생각이 개입되기 이전과 이후가 완전히 달라지는 것이다.

당신을 옭아매고 괴롭히는 문제들이 시도 때도 없이 일어나 마음을 고통 속으로 몰아넣고 있다면 그것은 당신이 인식의 주체이기를 포기했기 때문에 받는 일종의 벌인지도 모른다.

물질적으로 '당연히' 존재하는 것들도 그 존재가 당연한 것은 아니다. 고대 그리스 철학자들의 '원자론'은 세상은 텅 빈 진공과 그 안을 떠도는 원자로 되어 있다고 했다. 그래서 세상은 영원불멸하는 원자들이 모였다 흩어지는 일을 반복하는 것에 불과하며 거기에는 어떤 의미나 목적도 없다는 것이다. 그러나 이후 원자보다 더 작은 원자핵이야말로 쪼갤 수 없는 가장 작은 물질의 단위라는 것이 밝혀졌다. 원자의 만분의 일 크기인 원자핵을 조작하면 원자를 다른 종류의 원자로 바꿀 수도 있다. 그러니 모든 물질은 고유의 '불변'하는 형태를 그대로 유지하는 것이 없다. 그저 형태에 대한 우리의 고정된 생각이 마음에 하나의 상으로 맺혀 있을 뿐이다. 70억 세계 인구의 육체에서 원자핵들을 모아 하나로 뭉치면 사과 하나 정도 크기라고 하니 존재란 참으로 공허한 것이 아닐 수 없다. 결국 물질로서 존재하는 것이 아닌 생각을 만들어내는 우리 각자의 영혼만이 변하지 않는 유일한 존재다.

상상력에 뿌리를 둔 물질들이 이루는 거대한 세상 속에서 이것들에 둘러싸여 살아가며 우리는 생각이 거짓으로 비추는 상들을 진짜라고 믿게 되었다. 이 집단적 '허상'에 의문점을 갖는 일도, 그것으로부터 벗어나는 일도 쉽지 않다. 과학의 발전은 인간의 삶을 조금이라도 더 편리하고 행복하게 만들어주는 것이 목표라고 한다. 과연 과학의 발전으로 인해 우리는 행복해졌을까?

창의력과 프로그램 개발능력을 가진 사람들에 의해 만들어진 컴퓨터 게임에 당신의 어린 자녀가 열광을 하지만 게임에 빠져 있는 동안 아이의 상상력이 자랄 리는 만무하다. 뉴스에서 발암물질에 대한 보도가 나오면 그 물질이 들어간 음식이나 물건은 새 것이어도 바로 내다버리는 어른들이 아이들의 마음에 발암물질보다 만 배는 강력한 병을 만들어낼 수 있는 스마트폰을 아이 손에 쥐어주고 품격 있게 밥을 먹는다.

세상에는 하나의 상으로 통일되는 것이 없다. 고정불변의 것이 없기 때문이다. 우리가 느끼는 것은 바로 자기 자신이다. 주변의 것들을 그것들이 존재하는 그대로 느끼는 것이 아니라 내가 보는 것, 만지는 것, 듣는 것대로 느끼는 것이다. 내 마음의 거울 안에 모든 세상이 있다. 내가 마음대로 할 수 있는 세상이다. 모든 것은 그저 거울 안에서 벌어지고 있는 일들이라는 사실을 깨달아야 한다. 그리고 그 거울의 주인은 바로 당신이다. 당신이 거울 밖으로 나오는 순간 거울 안의 세계는 당신에 의해 새롭게 태어나게 된다. 즉 당신이 창조자가 되는 것이다.

당신의 친한 친구를 한번 떠올려보자. 당신은 그 친구를 어떻게 인식하는가? 그 친구가 그인지 어떻게 알 수 있느냐는 말이다. 그의 얼굴일까? 그가 성형수술을 했다면, 그는 더 이상 그가 아닌 것인가? 그의 목소리인가? 그의 목소리가 바뀐다면, 그는 더 이상 그가 아닌 것인가? 그의 행동거지인가? 그의 행동거지가 바뀐다면, 그는 더 이상 그가 아닌 것인가? 그의 이름인가? 그가 이름이 바뀐다면, 그는 더 이상 그가 아닌 것인가? 그의 생각인가? 그의 생각이 달라졌다면, 그는 더 이상 그가 아닌 것인가?

당신이 그를 그라고 생각하는 모든 이유들은 사실을 타당하지 않다. 왜냐하면 그것들은 한 번도 고정되어 있지 않았고, 계속 변하며 사라지거나 생겨나고 있기 때문이다.

도대체 나는 그가 그인 것을 어떻게 알 수 있을까? 위의 모든 것들이 대체로 그인 것 같아서일까? 아니면, 다른 사람들도 그를 그라고 말하기 때문일까?

우리는 가끔 이런 말을 사용한다.

"그가 변했어."

"그는 더 이상 그가 아니야."

이 말에 힌트가 있다. 우리가 믿는 그는 그 자체가 아니라, 그를 그라고 믿는 내 마음에 있다. 그는 모두 내 마음에 있는 상일 뿐이다. 그는 사실 세상에 있는 것이 아니라, 내 마음에 있는 것이다. 나는 내 마음의 그를 미워해서 나쁜 마음을 갖거나, 그를 사랑해서 질투의 마음을 갖는다. 모두 똑같다. 세상도 마찬가지다. 그냥 세상도 모두 내 마음에 있는 것이다. 그것을 깨달아야 자유로워진다.

거울의 5단계 - 거울을 깨트리는 방법

봄이 되면 사람들은 꽃구경을 나서고 여름이 되면 시원한 계곡을 찾아 나서고 가을이 되면 단풍 구경, 겨울이 되면 아름다운 설경을 보러 여행을 떠난다. 왜 사람들은 아름다운 것을 보기를 원할까? 그것은 자신의 마음의 거울에 아름다운 것을 비추면 자신이 아름다워지는 것처럼 느껴지기 때문이다.

이것은 내가 더러운 것을 보며 짜증을 내고 있다면 내 기대를 벗어난 더러움 때문이다. 그 더러움이 진짜로 존재한 것이 아니라 내가 그것을 그렇게 본 것이다. 내가 그것을 더럽다고 인식하는 순간 그것은 '더러운 것'이 되고 내 마음은 그 더러운 '느낌'에서 벗어나지 못하며 스스로 '더러운 존재'가 되고 마는 것이다. 이것이 거울 세상의 비밀이다.

얼마 전 부산에서 한 자폐 청년을 만났다. 나는 그 청년에게 물었다.

"혹시 좌우명 같은 것이 있나요?"

청년은 없다고 했다. 그래서 나는 그럼 좋은 말 중에 아는 것이 있느냐고 다시 물었다. 그러자 그 청년은 역시 없다고 대답했다. 나는 조금이라도 그 청년에게 도움이 되고 싶은 마음에 '착하게 살자.'라는 말은 어떠냐고 물었다. 그는 고개를 끄덕였다. 그래서 나는 그에게 제안을 했다.

"지금부터 '착하게 살자.'라는 말을 시간이 날 때마다 되풀이해서 주문처럼 외워보세요. 그럼 정말 놀라운 일이 생길 거예요."

그러자 그는 "그런데⋯⋯."라며 어눌한 말투로 말을 시작했다.

자폐를 앓고 있는 사람들은 말이 없다고 생각해왔는데 그 청년은 꽤 오랜 시간 동안 쉴 새 없이 자신에 대해 많은 이야기들을 했다. 나는 그의 말을 끝까지 다 듣고 다시 조언을 건넸다.

"'그런데' 대신에 '그럼에도 불구하고'라는 말을 써보면 어떨까요?"

그러자 그는 "그래도……"라고 말을 시작해서 또 한참 자신이 착하게 살기 힘든 이유를 설명했다. 나는 그 순간 입을 다물었다.

자신에게 부정적인 영향을 미치는 것은 모두 '착한 일'이 아니다. 자신을 불행하게 만드는 것은 모두 '착한 일'이 아니다. 자신의 시간을 낭비하게 만드는 일도, 주위에 나쁜 사람을 만드는 일도 모두 '착한 일'이 아니다.

성경이나 불경을 모두 외다시피 읽은 사람들에게 그것을 한 문장으로 요약하면 무슨 말이냐고 물으면 "결국 착하게 살라는 말입니다."라고 할 것이다. 이보다 더 위대한 가르침은 없다.

착하게 사는 데에는 특별한 지적 능력이 필요하지 않다. 그냥 '착하게 사는 것'을 목표로 계속해서 착하게 살면 된다. 그런데 많은 이들이 오만과 교만, 거짓 깨달음의 장애물이 도사리고 있는 지식의 강을 힘들게 건너며 '더 심오한 해답'을 찾기 위해 헤맨다. 누군가 단순한 방법을 두고 굳이 먼 길을 돌아가라 한다면 그것은 에덴 동산의 삶을 시기한 뱀의 유혹처럼 당신의 고요한 삶을 자신의 지옥으로 끌어들이기 위해 인도하는 것이다. 거울을 벗어나 자신의 세상의 주인으로 살아갈 수 있는 길은 복잡한 것이 아

니다. '착하게 살자.'

　석가모니에게는 많은 제자들이 있었다. 그들은 석가모니의 말씀을 외우느라 늘 열심이었다. 그런데 그중 한 제자는 머리가 썩 좋지 않아 늘 경을 외는데 실패하는 바람에 다른 제자들 사이에 놀림거리가 되곤 했다. 그가 제대로 할 줄 아는 거라고는 그저 마당을 쓰는 일이었다.

　그러던 어느 날 석가모니가 마당을 쓸고 있던 그와 마주쳤다. 제자는 석가모니에게 말했다.

　"저는 머리가 좋지 않은데 언제쯤이면 부처님의 뜻을 따를 수 있을까요?"

　그러자 석가모니가 대답했다.

　"네가 가장 잘하는 것이 무엇이냐?"

　제자가 말했다.

　"쓸고 닦는 일입니다."

　"그러면 내가 너에게 새 경을 줄 테니 그것만 외거라."

　그러자 제자는 낙심한 얼굴이 되었다.

　"하지만……, 저는 머리가 좋지 않아서 경을 잘 못 외웁니다."

　석가모니가 미소를 지으며 말했다.

　"이 경은 매우 쉬우니 충분히 외울 수 있을 것이다. '깨끗하게 쓸고 닦아라.'이니라."

제자는 경을 받아들자마자 순식간에 외웠다. 그가 늘 하는 일이었으므로 실은 외우고 말고 할 것도 없었다. 그리고 그는 날마다 그 경을 실천으로 옮겼으며 얼마 되지 않아 불교에서 최고의 경지인 '아라한'에 올랐다.

주변에서 그를 놀리고 비웃었던 제자들이 수군거렸다.

"도대체 저 바보가 어떻게 아라한이 된 거지?"

거울의 단계를 오르는 일은 매우 어렵다. 아무리 똑똑한 사람이라고 해도 지적 능력 하나만으로는 거울의 2단계로도 오를 수 없다. 그런데 거울의 2단계부터 4단계까지를 건너뛰고 바로 1단계에서 5단계로 갈 수 있는 방법이 있으니 바로 이것이다. 착하게 사는 방법은 감사하며 살아가는 것이다. 그런데 사람들은 이것이 너무 쉬워서 하찮아 보이는지 일상생활에서 실천하려고 노력을 하는 이가 드물다. 그러나 사실 이 단순한 행동의 위력은 우리의 상상을 뛰어넘는다.

남들이 뭐라고 하든, 나를 어떻게 대하든 감사하는 마음을 품으면 그들의 망상의 거울에 갇히지 않고 자유로울 수 있다. 그리고 내 마음 거울에 끼는 더러운 얼룩들을 말끔하게 제거할 수 있다. 나를 둘러싼 세상의 모든 물질과 생명들에게 감사하면 그들이 내 마음이 이끄는 대로 움직이게 된다. 나는 나의 호랑이를 길들일 수 있고, 성난 파도처럼 주위에서 날뛰며 덤비던 세상이 잠잠해진다. 이 지름길을 가는 데 필요한 능력은 한 가지, 감동력이다.

거울의 상징과 비유

나는 어린 시절부터 교회를 다녔다. 그곳에서 배운 성경 속의 구절들은 나에게 수많은 의문을 안겨주었고, 그 의문들은 나를 성장시켰다. 그때 찾아 헤맨 답들은 물론 완전할 수 없었다. 어른이 된 뒤에도 성경은 나에게 지속적인 도전을 주었으며, 이제야 조금씩 그 의미를 제대로 이해하기 시작했다.

그 후로 불경을 접할 기회가 있었다. 지인의 추천으로 읽어본 『금강경』은 그야말로 충격 그 자체였다. 『금강경』 외에 읽은 경들이 여러 권 있는데, 성경과 마찬가지로 하나의 맥락이었다. 모두 상징과 비유로 진리를 전달하고 있었다.

왜 상징과 비유를 했을까? 내가 생각하는 이유는 진리를 직접 전달할 수 없었기 때문이다. 진리를 직접적인 말로 전달하면 그 자체가 진리가 되지 못하는 모순에 빠지는 것을 선현들은 알고 있었던 것이다. 예를 들어 '존중이야말로 세상에서 가장 큰 가치이자 진리다.'라고 가르치는 순간 그 가르침에 매인 사람들은 남을 존중하지 않는 이들을 '부족한 사람'으로 보며 스스로 존중심을 잃게 된다. 인간이 거울의 세계에서 갖는 모순은 매우 오묘해서 알아차리기가 힘들다. 그래서 선현들은 상징과 비유를 통해 진리를 전달하고자 하였다.

그런데 이 방법으로 사람들이 얻는 것은 어떤 '느낌'이다. 그리고 그 느낌은 사람들마다 저마다의 생각의 깊이에 따라 모두 다르다. 자신의 마음속으로 더 깊이 들어가면 갈수록 더 깊은 진리를 만나게 된다. 그러므로 깨달음만으로는 의미가 없는 것이다.

진리의 깊이를 느끼는 순간 사람들은 진리의 끝에 다다랐다고 생각한다. 그리고 더 깊이 들어가지 않고 사람들에게 진리를 가르치기 시작한다. 그러나 모든 깨달음 중에 의미 있는 것은 단 하나뿐이다. 바로 '자신이 얼마나 무지한가에 대한 깨달음'이다. 이것만이 보다 더 깊은 곳에 있는 진리로 우리를 안내한다. 그 과정에서 수많은 깨달음을 얻을 수 있지만 그곳에서 멈추지 말고 늘 더 깊은 진리를 향해 나아가야 한다. 그래서 진리를 직접적인 말로 전달하는 것이 불가능하다는 것이다.

언어는 의사를 전달하기 위한 도구이다. 그리고 이 언어를 통해 저마다 다른 생각과 느낌들이 상호소통을 이룬다. 인간이 모든 것에 이름을 붙이기 시작한 것은 모두가 공통으로 쓰는 이름이 없으면 각자 느끼는 바대로 설명을 하려고 할 것이고 그 느낌은 제각각이기 때문이다. 사과는 모두에게 똑같은 사과지만 저마다 사과를 만진 느낌은 다 다르다. 바다는 모두에게 똑같은 바다지만 바다를 보는 사람들의 느낌은 모두 다르다. 언어가 문자화되면서 사람들의 느낌은 보다 구체적이고 시각화되었지만 여전히 사람들의 느낌은 그 사람에게만 진실이다.

최근 과학이 밝혀낸 '느낌'은 뇌에게 전달된 전기신호를 우리가 믿고 있는 것이라고 한다. 우리가 느끼는 것은 결국 우리 자신인 것이다. 소금을 맛보고 내가 느낀 '소금은 짜다'는 것을 언어로 전환하는 순간 우리는 그 '느낌'에 갇히는 것이다. 소금을 맛보고 '짜다'보다 다른 느낌을 갖는 사람들도 분명 있을 것이다. 누군가 '나는 소금이 달다'고 한다면 우리는 그 사람을 '별난 사람'이라고 생각한다. 공통의 세계에 속하지 않기 때문이다. 분명 사람들의 느낌은 저마다 다른 것인데 내가 느끼는 대로 같이 느끼지 않는다고 이상한 사람이라고 생각하게 된다면 그것이야말로 이상한 일이 아닌가? 나의 느낌은 그 깊이가 깊어질수록 진리에 다가서는 반면 그 느낌을 언어로, 문자로 전환하는 동안 그것은 공통의 느낌을 강요하는 틀이 되는 것이다.

'소금은 짜다'라는 문장에서 소금이라는 명사는 무엇인가? 그것은 바로 상징이다. 소금이라는 물질을 상징적으로 이해시키기 위해 그렇게 이름 붙인 것이다. 그리고 그것은 곧 비유이기도 하다. 이 세상에 존재하는 것들 중 인간이 붙인 모든 이름은 우리의 느낌을 보다 깊은 곳으로 이끌어가기 위한 도구일 뿐이다. 그것들이 상징과 비유에 불과하다는 것을 깨닫는 순간 우리의 삶은 보다 충만해질 것이다.

남들이 나에게 하는 욕이나 비난도 모두 상징과 비유다. 남들이 나에게 하는 달콤한 말과 칭찬들도 상징과 비유다. 남들이 자랑하는 물질이나 사회적인 성공도 모두 상징과 비유다. 세상에 나에게 주는 희노애락도 상징과 비유다.

그것들이 가진 상징과 비유로서의 의미를 깨닫고 자신을 들여다보는 것이 바로 '주제 파악'이다. 그래서 나는 늘 '살면서 주제 파악이 제일 어렵고 힘든 일'이라고 말하곤 한다. 그리고 그런 '자신의 주제'는 사실 매우 훌륭한 것이다. 거울의 단계를 극복한 것이기 때문이다. 거울을 벗어나 자신이 얼마나 충만한 존재인지를 아는 순간 당신의 삶은 달라질 것이다.

거울의 상위 단계는 하위 단계와 싸우지 않는다. 만약 상위 단계가 하위 단계와 싸우고 있다면, 그것은 상위 단계가 아니라 싸우고 있는 하위 단계의 존재가 되는 것이다. 그러니까, 인간은 개나 짐승들과 시기하거나 다투지 않는다. 만약 다투고 있다면 그것은 1단계가 0단계로 떨어진다는 것이다. 이런 경우는 흔치는 않지만 일어날 수도 있는 일이다.

사람들이 나에게 종종 묻는다. 부부싸움은 하지 않느냐고. 그러면 나는 이렇게 대답한다.

"상위 단계는 하위 단계와 싸우지 않습니다."

그러면 사람들은 웃는다. 어떤 사람들은 이렇게 시비를 건다.

"아내를 비하하는 것 아닙니까?"

나는 이야기 한다.

"2단계 존재들의 눈에는 2단계밖에 보이지 않습니다. 만약 당신의 눈에 1단계가 보인다면, 당신은 이미 1단계에 머물고 있는 것입니다. 2단계가 싸움을 하지 않는 이유는 하위 단계를 얕잡아봐서가 아니라, 하위 단계를 보지 않기 때문입니다. 1단계에 머물러 있는 사람들은 2단계의 사람을 알아볼 수 있습니다. 그래서 부러워하지요. 하지만, 2단계에 있는 사람들은 절대로 1단계의 사람들을 보지 않습니다. 왜냐하면, 그러면 바로 단계가 하락하기 때문입니다."

그렇다. 2단계에 있는 사람들은 2단계 이상만 보게 된다. 다소 부족해 보이는 사람에게서도 늘 배울 것을 찾기 때문이다. 그에게는 좋은 사람과 나쁜 사람, 둘 다 선생님으로 보인다. 좋은 사람은 좋은 것을 가르치는 착한 사람, 나쁜 사람은 실천해서 하면 안 된다는 것을 몸소 보여주는 착한 사람. 그래서 그에게는 둘 다 좋은 사람이다. 둘 다 2단계의 사람으로 보인다.

손가락이 가리키는 너머를 보는 능력

똑똑한 개에게 손가락으로 나무를 가리키면, 개는 나무를 보지 않고 손가락을 본다. 모든 다른 동물들도 마찬가지다.

그런데 돌을 넘긴 아이들은 손가락으로 나무를 가리키면 나무를 바라본다. 아이에게 손가락이 가리키는 곳을 보게 하기 위해 우리는 어떤 교육도 하지 않았다. 이 능력은 어디서 온 것일까? 또 어떤 능력일까? 이 능력을 알기 위해서 다시 개에게 돌아가보자.

개는 왜 손가락을 볼까? 개는 행위에만 집중한다. 주인이 자신에게 하고 있는 행위에 집중한다. 그래서 주인이 손을 들면 개는 손을 쳐다본다. 손가락을 펴면 손가락을 쳐다본다. 그것이 무엇을 가리키고 있는지는 전혀 중요하지 않다.

하지만, 인간은 행위에 집중하지 않는다. 인간은 의도에 집중한다. 그가 어떤 의도를 가졌는지가 인간에게는 본능적으로 중요하다. 이것은 1단계와 0단계를 가르는 기준이다. 거울을 인식하는 능력에서 파생된 이 능력은 어떤 행위를 보면서 행위 너머의 것을 본다는 것이다. 그러니까, 거울의 상을 의심하는 능력과 맥락이 같다. 행위 자체를 믿는 것이 아니라, 행위 너머의 의도를 보는 것이다.

개는 행위 자체, 즉 진짜에만 집중한다. 하지만, 인간은 그 진짜라고 여겨지는 것 너머를 보는 것이다. 이것이 가능한 이유는 인간만이 영적인 존재이기 때문이다. 그렇기 때문에 손가락 끝을 보는 대신에 손가락이 가리키는 것을 보게 된다.

하지만 딱 거기까지다. 그것을 통해 1단계까지는 왔지만, 그다음 단계로 가는 것에 가장 큰 걸림돌 역시, 바로 그 능력이 되어버린다는 말이다. 왜냐하면, 그 의도를 해석하는 과정에 개입하는 것이 바로 망상이기 때문이다. 다시 말해, 손가락이 가리키는 곳을 보게 되었지만, 그것 때문에 인간에게는 많은 생각이 든다는 것이다.

어떤 사람이 산의 정상에서 친구에게 손가락으로 산 아래를 가리키며 저기를 좀 보라고 한다. 친구는 산 아래를 내려다보면서 생각한다.

'나보고 내려가라는 말인가?'

'아래에 뭐가 있나?'

'저 나무를 보라는 말인가?'

'평소 이 친구가 날 잘 속이지? 나에게 손가락으로 아래를 보게 하고 딴짓을 하려는 건 아닐까?'

행위 너머의 의도를 보기 위해 작동하는 것이 바로 망상이라는 것이다. 그렇기 때문에 망상은 정확하지 않다. 정확할 수가 없다. 왜냐하면 그 행위를 한 그조차 자신의 의도를 잘 알지 못하기 때문이다. 설령 의도가 있었다고 생각하더라도, 그것은 반응에 따라 의도대로 되지 않기 때문에 의도가 없었다고 하는 것이다. 다시 말해, 누군가 의도적으로 나를 화가 나게 하려고 욕을 해도 내가 그에게 화를 내지 않을 수 있다. 그럴 경우, 그의 의도는 무력해지고, 그와 나의 관계는 아무런 문제가 없다.

하지만 1단계에 머문 존재들은 그의 의도에 집착한다. 그리고 그것을 분석하고, 해결안을 찾으려고 애쓴다. 그렇기 때문에 절대로 1단계에서 벗어날 수가 없다.

1단계로 오게 한 그 신기한 능력이 2단계로 오르는 발목을 잡는 것이다. 즉, 손가락을 가리키는 행위 너머의 의도를 보는 1단계의 능력이 발휘되는 순간 그 의도에 집착하게 되어, 그 의도가 진짜라고 믿기 때문에 2단계로 오를 수 없다는 것이다.

하지만 2단계로 오르게만 되면, 쭉쭉 갈 수 있다. 성경과 불경을 읽다보면, 예수와 부처 모두 손가락으로 달을 가리킨다. 그런데 사람들은 달을 보지 않고 손가락만 본다.

그렇다면 달을 본다는 것은 무엇일까? 그것은 말처럼 쉬운 일이 아니다. 달을 본다는 것은 아름다운 것을 본다는 것이다. 예수가 거짓을 말했다 하더라도 그것은 거짓을 말한 것이 아니라는 것을 볼 수 있어야 한다는 말이다. 부처가 중생을 이야기하고 있더라도 그것은 중생에 대한 이야기가 아니라는 것을 들을 수 있어야 한다는 이야기다.

누군가 나에 대해 나쁜 이야기를 하고 돌아다니는 사람이 있다고 하더라도, 그가 예수로 보이고 부처로 보인다면, 그것이 바로 달을 보는 것이다. 그들의 행위를 무력화 시키고, 그들의 의도를 재창조하며, 세상을 송두리째 마음대로 할 수 있는 능력, 그것이 바로 손가락 너머의 세계를 보는 능력이다.

서울의 강남은 외형의 눈부심과는 별개로 사람들의 인식은 깍쟁이, 이기주의가 대표한다. 왜, 속도는 빨라지고 외형은 세련되어

가는데 그러면 그럴수록 내면은 피폐해져 가는 것일까? 이것은 비단 강남의 문제가 아니라 이 세상 전체의 문제일 것이다. 이 갭을 줄이고자 출범한 것이 강남의 스타일 브랜드 '미미위'라고 한다.

강남구청의 스타일 브랜드인 '미미위'는 마치 이 거울의 단계를 설명해놓은 듯하다. '미미위'는 나, 너, 우리로 해석된다. '너'는 또 다른 '나'라는 의미를 담았다고 한다. 내가 멋져 보이거나 이상해 보이는 것은 남이 이상해 보이거나 멋져 보여서다. '우리'가 함께 한다는 사실을 알게 된다면, 그것이 세상을 제대로 보는 것이다.

오늘의 마음사용법

호모사피엔스가 다른 동물들을 지배하게 된 힘은 상상력이라고 한다. 돈, 법, 정치, 권력처럼 존재하지 않는 것을 실체하는 것처럼 믿고 행동하게 만드는 능력이다.
가장 거대한 상상력의 집합체는 바로 우리가 현실이라고 믿는 이 세계이다. 누군가의 상상력이 빚어낸 거울 속 세상을 꿰뚫는 통찰로 나의 세상을 바꿀 수 있다.

현금보다 더 소중한 지금

어떤 사람이 아내에게 문자를 보냈다.

"여보, 세상에서 가장 소중한 금 세 가지가 있는데 뭔 줄 알아? 황금, 소금, 그리고 지금이래. 우리 지금처럼 사랑하며 살자."

그러자 아내에게서 바로 답장이 왔다.

"그건 아니지. 지금, 현금, 입금."

부부의 판이하게 다른 답 중에 공통으로 들어간 '금'이 한 가지 있다. 바로 '지금'이다.

강의를 다니다보면 가끔 "제 인생에 정말 귀한 깨달음을 주는 강의였어요."라는 이야기를 듣곤 한다. 그러다 어느 날 기분 좋게 강의를 끝내고 나가다가 몇몇이 모여 뒷담화를 하는 것을 우연히 듣게 되었다. 그중 한 사람이 "저 사람은 뻔한 이야기로 남의 시간을 뺏고 있어."라고 투덜거렸다.

　좋은 시간이었다는 평도, 시간 낭비였다는 평도 모두 충분한 이유가 있다. 똑같은 강의에 상반된 반응이 모두 타당한 것은 듣는 사람의 마음가짐에 차이가 있으므로 당연하다. 마음을 열고 누군가의 이야기를 듣는 것과 팔짱을 끼고 마음을 반쯤 닫아건 채로 듣는 것에는 큰 차이가 있다.

　'지금'을 보내고 있는 사람들의 자세와 방법의 차이도 이것 때문이다. 시간은 누구에게나 공평하게 주어지고 공평하게 흘러가는 것이지만 누군가에게는 더없이 소중한 시간이 흘러가고 누군가에게는 그저 손가락 틈으로 모래알 빠져나가듯 소리 없이 슬슬 허공으로 흩어지는 것이다.

　어느 가족이 큰마음을 먹고 맛집으로 소문난 식당을 찾아 먼 길을 갔다. 식당에 도착하기 전에 잠시 쇼핑을 한 뒤 아빠가 차를 가지러 갔다 와보니 식구들 표정이 조금 전과는 영 딴판이었다.

　"왜? 무슨 일 있었어?"

　자초지종은 이랬다. 아빠가 잠시 자리를 비운 사이 밖으로 나오던 길에 가판대를 둘러보던 엄마가 물건을 팔고 있던 동남아인처럼 보이는 청년에게 말을 걸었다.

　"어머, 외국에서 왔나 본데 한국말을 참 잘하네요. 한국에 온지 얼마나 됐어요?"

"네. 3년 정도 됐습니다."

짧은 대화가 끝나고 아빠를 만나기 위해 걸어가면서 십대인 아들이 엄마에게 얼굴을 찡그리며 말했다.

"엄마, 엄마는 왜 그런 식으로 말해?"

"뭐가?"

"아까 그 남자 말이야. 그렇게 얕보는 것처럼 말하면 어떡해. 듣는 사람까지 민망하게."

"내가 언제?"

엄마와 아들은 차에 타서까지 옥신각신 말다툼을 계속했다. 분위기가 점점 심각해지자 아빠는 이런 상태로 저녁을 먹으러 가는 건 안 되겠다고 판단하고 어렵게 해놓은 식당 예약을 취소하고 집으로 방향을 돌렸다.

차 안에는 무거운 공기가 흘렀다. 그런데 갑자기 뒷좌석에서 훌쩍거리는 소리가 들려왔다. 이번에는 열 살짜리 딸이 울음을 터트린 것이었다. 엉엉 울며 뭐라고 웅얼거리는 딸을 룸미러로 흘깃거리며 아빠가 말했다.

"아빠는 무슨 소린지 통 못 알아듣겠구나. 똑바로 얘기해보렴."

눈물 반 콧물 반 흘리면서 딸이 한 얘기를 듣고 가족들은 비로소 피식, 하고 웃음을 터트렸다.

"엉엉. 이런 게 어딨어요. 내가 오늘을 얼마나 손꼽아 기다렸는데. 이렇게 먼 데까지 와서 밥도 안 먹고 그냥 가는 게 어딨어. 엉엉. 나한테는 왜 아무도 신경을 쓰지 않는 거냐고. 엉엉."

아빠는 즉시 다른 식당에 전화를 걸었고 차를 돌렸다.

그렇게 가족은 무사히 식사를 마치고 다시 집으로 향했다.

돌아오는 길에 아빠는 딸을 향해 물었다.

"오늘 일을 통해 뭔가 배운 게 있니?"

"네."

딸이 대답했다.

"과거는 바꿀 수 없다는 거요."

아빠는 신기해하며 다시 물었다.

"그러면 어떻게 해야 하는데?"

"지나가버리기 전에 만들 때 잘 만들어야죠."

아직 오지 않은 것들을 선택할 수 있는
'지금'이 내게 있다

스스로 '지금'이 얼마나 귀한 '금'인지 인식하며 귀하게 쓰는 사람은 진중하게 자신의 삶의 소중한 순간을 보내고 있다. 그 시간이 기쁨이든 슬픔이든 온전히 성실하게 살아가며 자신의 인생을 쌓아가는 것이다.

그런데 '지금'을 되는 대로 헛되이 흘려보내는 이들은 어떨까. 그런 '지금'이 모여 하루가 되고 그것이 그 사람의 삶이 된다. '지금'을 아무런 쓸모없이 보낸다면 결국 삶이 쓸모없어지는 것과 다름없다.

우리는 흔히 삶에 대해 불평을 늘어놓을 때 "내 마음대로 되는 게 없어." 혹은 "내가 갖고 태어난 팔자가 이런 걸 뭐."라고 하며 자신의 의사와 아무 상관없이 이루어지는 것들을 탓한다. 그래서 자신의 의사와 상관없이 삶이 왜곡되고 변질되고 있다고 생각한다. 그러나 진실은 그렇지가 않다. 매 순간의 삶을 선택하고 있는 것은 바로 나 자신이다.

그런데 아예 그 선택의 기회마저 포기하는 사람들이 있다. '지금'을 어떻게 쓸까를 고민하지 않고 그냥 흘려보내는 것은 스스로 선택을 하는 것이 아니라 선택을 당하는 것이다. 내가 개입하여 주체적으로 살 수 있는 그 소중한 순간의 기회를 그저 쓸모없이 버리는 것은 불행한 것이다. 나 스스로 주체가 되는 일을 포기하고 그 순간의 삶을 내 것이 아니라고 부정하는 것이 불행이 아니고 무엇인가.

인간에게는 결코 인간의 힘으로 어찌할 수 없는 것이 몇 가지 있다. 태어날 때부터 주어진 것들과 하루가 24시간이라는 것이다. 우리는 태어날 때부터 주어진 것들을 바꾸기 위해 온갖 노력을 기울인다. 목표를 정해 성공을 하려고 애쓰고 조금이라도 나은 것을 얻기 위해 발버둥을 친다. 그렇다면 주어진 시간을 위해서는 어떤 노력을 하는가. 시간에서 우리가 관여할 수 있는 범위는 '현재'가 유일하다.

누구에게나 시간은 똑같이 흘러간다. 다만 개개인이 부여하는 의미가 다를 뿐이다. 누군가에게는 소중한 시간이 흘러가고 누군가에게는 그저 스쳐지나가는 시간일 수도 있다. 이런 시간의 궤적이 퇴적이 되다보면 시간을 소중하게 쓰는 자에게는 소중한 과거가 쌓일 것이고 시간을 스쳐 보내는 자에게는 손바닥 위 모래알처럼 의미 없이 흩어지는 과거가 남을 뿐이다.

우리는 우리의 삶이 자신의 의사와 상관없이 태어날 때부터 주어진 것들로 인해 변질되고 왜곡된다고 생각하고 불만을 갖는다. 그러나 사실 삶의 의미를 결정하는 데 큰 몫을 하는 '나는 어떻게 살아왔는가?'는 결국 나의 선택이다. 째깍거리며 가고 있는 시계 초침 소리와 함께 우리는 매 순간 나의 삶을 선택하고 있다. 그런 순간들이 모여서 삶을 이룬다. 한 시간, 하루, 한 달, 일년, 그리고 일생이 그렇게 흘러간다. 어느 길목에서 뒤를 돌아보건 그때까지의 삶의 합은 그러한 찰나의 연결이며, 내가 주인이었던 삶인지 아닌지는 그러한 찰나의 나의 선택에 달려 있다.

'지금 이 순간'에 나는 나의 과거를 만들어내고 있는 것이다. 미래에 기억을 더듬으며 생각해낼 바로 그 순간이므로 나는 나의 미래를 동시에 만들어내고 있는 것이나 다름없다. 그러니 나에게 선택권이 주어진 바로 지금, 나는 깨어 있어야 한다. 그리고 다른 그 누구도 아닌, 나 자신을 위한 최고의 선택을 해야 한다. 지금 무엇을 하고 있는가보다 지금 이 순간에 나의 마음이 어떤 의미를 부여하고 있는가가 더 중요하다.

나는 사람들에게 이렇게 말한다.

"지금 이 순간은 여기 앉아계신 분들 제각각 다른 의미가 있을 테지요. 어떤 분에게는 운명을 바꾸는 소중한 시간일 수도 있고, 또 어떤 분에게는 따분하고 지루한 시간일 수도 있고 말이죠. 만일 여러분이 소중한 시간을 보내고 있을 때 여러분은 어떤 존재가 되나요?"

사람들은 입을 모아 대답한다.

"소중한 존재가 되겠지요."

나는 한 번 더 묻는다.

"그러면 하품을 참지 못할 정도로 지루한 시간을 보내고 있을 때 여러분은 어떤 존재가 될까요?"

사람들은 대답한다.

"지루한 존재가 되겠네요."

그러면 나는 웃으며 말한다.

"여러분이 지금 이 순간 내 앞에서 어떤 표정을 짓든 어떤 말을 하든 나는 상관없어요. 어차피 나에게는 나를 위한 최고의 시간이 흘러갈 테니까요. 여러분의 시간은 여러분이 알아서 하세요."

내 마음대로 살아도 모두가 행복한 마음사용법

제2부

마음을 사용하는 법, 감동력

감동력이
인간의 발달을 이끌었다

　학자들이 오랑우탄을 우리에 넣고 투명한 긴 대롱에 넣은 땅콩을 어떻게 먹는지 관찰을 했다. 유인원들의 아이큐는 보통 80에서 90 정도가 된다. 대롱은 좁고 가는데 다른 도구도 없다. 그렇다면, 이 대롱 속에 든 땅콩을 어떻게 꺼내서 먹을 수 있을까?

　오랑우탄은 입으로 물을 머금어 대롱 안에 물을 채워 넣기 시작했다. 이윽고 물이 차면서 땅콩이 위로 떠오르기 시작했고, 결국 오랑우탄은 대롱 속의 땅콩을 건져 먹을 수 있었다. 어떤 원숭이는 일련번호를 맞춰야 열리는 자물쇠를 순식간에 열기도 하고, 흰개미를 좋아하는 원숭이는 긴 나뭇가지를 가지고 다니다가 흰개미 굴을 발견하면 그 안에 집어넣었다가 빼며 딸려 나오는 개미들을 먹기도 한다. 그런데 이렇게 똑똑한 동물들이 왜 인간만큼 진화를 하지 못하고 멈췄을까?

이 궁금증은 인간 아이들과 유인원의 새끼들을 비교하는 실험을 통해 해소되었다. 어린아이들은 정식 아이큐 테스트를 하는 것이 불가능하기 때문에 보통 블록 쌓기 등으로 그 지능 발달 정도를 판단한다. 관찰자들은 인간 아이들과 유인원의 새끼들이 블록놀이를 하는 과정을 지켜보며 아주 흥미로운 사실을 발견했다. 그것은 아이들의 행동이 아니라, 그 부모의 행동이었다. 유인원 부모들은 새끼들의 블록 쌓기에 아무런 관심도 없었던 반면, 인간 부모들은 아이들의 작은 행동 하나하나에 큰 감동을 표현했다. 그러면 아이들은 부모의 반응에 기뻐하며 더 열심히 블록을 쌓아갔다.

인간 아이들과 유인원의 새끼들은 처음에는 반복되는 블록 쌓기에 비슷한 능력을 보였지만 시간이 조금 흐르고 나자 그 차이가 어마어마해졌다. 이것이 바로 감동력이다. 감동력의 탄생이 바로 인간의 발달을 이끈 것이다. 그렇다면 어떻게 해서 부모에게 이런 감동력이 생긴 것일까? 그것은 아이러니하게도 모든 것이 부족한 채로 태어나는 아이 때문이다.

모든 동물의 새끼들은 태어나자마자 스스로 젖을 찾고 심지어는 걷고 곧 뛰기까지 한다. 물속에서 태어나는 새끼들이 곧 헤엄을 치는 것처럼 본능적으로 살아갈 준비를 갖추는 것이다. 그러나 인간 아기에게는 그러한 능력이 없다. 부모가 없으면 단 하루도 생존이 불가능하다. 이 부족함이 실로 엄청난 감동력을 만들어낸다.

아이들을 관찰하다보면 신기한 행동들을 보게 된다. 앞에서 언급한 예로 아이가 먹어보니 맛있는 음식을 아빠, 엄마의 입에도 넣어주려고 한다. 우리에게는 자연스럽고 평범한 행동처럼 보이지만 사실은 그렇지 않다. 인간 외에 어떤 동물도 새끼가 어미에게 무언가를 먹이고 싶어 하는 행동을 하지 않기 때문이다. 이것은 자신을 사랑해주는 사람에게 보상을 하고 싶은 마음에서 우러난 것이다.

어릴 적 할머니 댁에 개가 한 마리 있었는데 그 개가 새끼를 낳았다. 새끼들과 잘 놀던 어미는 밥을 주면 새끼들과 함께 밥그릇에 머리를 박고 한참을 먹다가 뭐가 마음에 안 들었는지 갑자기 고개를 들고 새끼들을 향해 으르렁거렸다. 그러면 새끼들은 비명을 지르며 후다닥 밥그릇에서 멀찌감치 비켜나곤 했다. 동물의 세계는 이처럼 냉정하다. 젖을 먹이는 기간이 끝나고 나면 모성애보다 본능이 다시 고개를 드는 것이다.

아이들은 돌이 지나고 나면 밥상에 앉아 스스로 자신의 몸을 사용해서 음식을 먹는 일에 집중한다. 숟가락을 들고 밥의 반을 흘릴지언정 살아가는 데 필요한 일을 하나하나 배워나간다. 걸음마를 시작하고 말로 자신의 의사를 드러내는 법을 익히는 이것들이 가능한 것은 바로 부모의 반응에 의해서다.

너무나 부족한 모습으로 태어난 우리는 무조건적으로 사랑해주는 부모를 통해 자신이 물질적 존재로서 사랑받는 것이 아니라는 것을 본능적으로 알게 된다. 그리고 이것이 영적 자각이 된다. 이 자각은 인식의 객체로서 인간에게 아주 중요한 기회를 제공한다. 바로 조련사가 깨어나는 것이다. 그리고 스스로 인식의 주체로 행동하기 시작한다.

아이들이 스스로 숟가락질을 배우고 걸음마를 시작하고 자신의 의사를 드러내는 법을 익히는 것은 조련사가 호랑이를 사용하기 시작하는 것이다. 마치 처음으로 리모트컨트롤로 움직이는 장난감 로봇을 선물 받은 아이처럼 그 신기함은 말로 다 할 수 없다. 그리고 부모로부터 받는 무한한 사랑의 감동력으로 성장하며 배운다. 그래서 부모가 먹여주던 밥을 스스로 떠먹을 줄 알게 되고 손에 쥔 음식을 부모에게도 먹이고 싶어 하는 것이다. 아이에게도 감동력이 생기는 순간이다. 감동력은 의존적인 존재로서 시작되지만 그 완성은 매우 주체적이고 독립적이다.

**감동력이 잠들어 있는 비밀의 상자는
바로 당신의 마음이다**

인도에서 전해오는 옛날이야기에 따르면 인간은 한계가 분명한 육신에 신과 같은 능력을 가지고 있었다고 한다. 그런데 어느 날부턴가 인간들이 능력만 믿고 신들의 영역을 침범하며 신들에게 오만방자하게 굴기 시작했다. 그러자 신들이 모여 회의를 했고 결국 인간에게서 신의 능력을 거두기로 결정하였다. 그런데 한 가지 문제가 있었다. 신들이 빼앗은 능력을 애써 감춘다고 해도 인간들이 교활한 머리로 언젠가는 찾아내고 말 것이라는 것이었다.

신들은 고민에 빠졌다. 신의 능력이 다시 인간의 수중에 들어가면 세상은 더욱 혼탁해질 것이기 때문이었다. 그때 한 신이 '인간들은 절대로 찾지 못하는 곳'에 그 능력을 숨겨놓자고 제안했다. 바로 인간의 마음속이었다. 그래서 신들은 인간의 마음속에 원래 그들의 것이었던 능력을 감추어버렸고, 인간은 그 능력을 영원히 잃게 되었다. 그것이 바로 감동력이다.

마음은 누구나 가지고 있는 것이다. 감동력도 누구나 가지고 있다. 그러나 그 힘을 사용할 수 있는 사람은 오직 나뿐이다. 이것은 어떤 다른 능력에 의해 생기는 것도 아니고 누구의 도움으로 생길 수 있는 것도 아니다. 원래부터 가지고 있는 것인데 등잔 밑이 어두운 것처럼 제대로 인지하지 못해서 제대로 사용하지 못했던 것뿐이다. 엄청난 잠재력을 가지고 있는 이 '흔한 능력'을 발휘하기 위해 우리가 할 일은 자신의 마음을 들여다보기만 하면 된다. 가장 보통의 인간이 신이 가진 '기적의 힘'을 낼 수 있는 능력이 그 밑바닥에 지금 잠들어 있다.

신들이 숨겨놓은 이 능력은 상대의 부족함을 알고 그것을 위해 자신을 희생하려는 사랑이 생겨날 때 주어진다. 이 얼마나 신기한 일인가? 혼자서는 만들어낼 수 없는 능력이다. 오로지 서로 사랑할 때만 나오는 능력, 자신을 내려놓고 타인을 위해 자신을 버릴 수 있을 때만 솟아나는 능력, 인간의 이기적인 마음으로는 절대 어디에 있는지 찾을 수 없는 능력이다. 그러니 호랑이로서만 살았던 우리들이 이 능력을 어떻게 발견할 수 있었겠는가?

오늘의 마음사용법

당신이 인지하고 있는지와는 상관없이 당신은 감동력을 가지고 있다.
감동력은 누구나 공평하게 가지고 태어나는 능력이다.
그러나 이 능력을 사용하는 순간, 당신은 다시 태어나는 것과 마찬가지다.
이전과는 전혀 다른 삶을 살게 되기 때문이다.

가장 공평한 능력,
감동력

살다보면 종종 '신은 왜 이리도 불공평할까?'라는 불만을 갖게 될 때가 있다. 그리고 세상을 둘러보면 실제로 불공평해 보이는 게 한둘이 아니다. 상위 1%가 부의 90%를 차지하고, 그 부의 세습으로 금수저와 흙수저가 나뉘는 세상. 제아무리 몸부림을 쳐봐도 가지고 태어난 환경을 벗어나기 힘들다는 것은 어떻게 봐도 불공평한 것이 맞다. 그런데 신은 반드시 누구에게나 공평하게 주어야만 하는 것일까? 과연 신이 똑같이 나누어주신 것이 있기는 할까?

세계적인 자선사업가인 빌 게이츠조차 "인생은 공평하지 않다. 그러니 그냥 익숙해져라."라고 했다. 사람들은 저마다 타고난 지능도 재능도 다르다. 그래서 우리는 서로가 가진 것을 비교하고 상대방이 가진 것에 대해 질투를 한다. 어차피 그것은 노력해서 얻은 것이 아니라 가지고 태어난 것이기 때문이다. 노력은 개인의 선택이지만 타고난 것은 선택이 불가능하다.

어떤 이는 인간이 가지고 있는 것들 중 그래도 '시간만큼은 공평하다'고 한다. 과연 그럴까? 하루가 24시간인 것은 똑같지만 생의 길이를 놓고 봤을 때 어떤 이는 태어나자마자 죽음을 맞이하기도 하고 어떤 이는 100세가 넘게 살기도 한다. 그러니 시간 역시 절대적으로 공평하게 주어지는 것은 아니다.

누군가에게는 하루가 쏜살같이 지나가는 것처럼 느껴지고 누군가에게는 마치 하루가 10년처럼 길게 느껴진다. 이것이 그저 '느낌'에 불과한 것만은 아닌 것이 영화 〈인터스텔라〉에서 주인공 일행이 한 행성에 들러 일을 보고 7시간 만에 모선으로 돌아와 보니 모선에 있는 동료에게는 24년의 시간이 지나 있었다. 우리가 미처 알지 못하는 우주의 어느 한켠에서는 '하루는 24시간'이라는 공식이 절대적인 것이 아니다.

그래서 내가 찾은 공평함은 '신이 우리 모두에게 주신 불공평함'이다. '삶이 불공평하다'는 사실은 누구에게나 똑같지 않은가 말이다. 그런데 최근에 한 가지 더 발견한 것이 있다. 어린아이나 어른이나, 많이 배운 사람이나 못 배운 사람이나, 중환자실에 누워 있는 환자나 팔팔한 육상선수나, 거리의 청소부나 대기업의 회장이나 모두 공평하게 가진 그것의 이름은 바로 '감동력'이다.

지위가 높음에도 불구하고 그 지위를 내세우지 않고 궂은일을 한 경비에게 감사 인사를 건네는 사장님, 아무리 성적이 나쁜 학생이라도 "열심히 하는 게 예쁘다."라고 진심으로 칭찬하며 머리를 쓰다듬어주는 선생님, 온힘을 다해 기우뚱거리며 한 걸음 한 걸음을 내디디는 아이를 사랑스러운 눈으로 바라보는 엄마. 이들 모두 감동력을 발휘하고 있는 것이다.

감동력은 무엇을 가져야만, 배워야만, 시간이 흘러야만 키울 수 있는 능력이 아니다. 감동력은 그냥 주어진다. 이 능력을 발휘하기 위해서는 단 한 가지만 있으면 된다. 감동할 마음의 준비!

당신의 마음에서부터 기적은 시작된다

몇 해 전 한국의 성형문화에 대한 다큐멘터리를 본 적이 있었는데 그때 한 영국인의 인터뷰가 아주 인상적이었다. 보통사람보다 서너 배는 큰 턱을 가진 그녀는 영국에서 텔레비전에 출연했을 때 유명 성형외과로부터 무료로 성형수술을 해주겠다는 제안을 받았지만 거절을 했다. 한국인 기자가 그 이유를 묻자 그녀는 당당하게 대답했다.

"저한테 친절하게 대하지도 않고 절 보는 것만으로도 불편해하는 사람들을 위해 왜 제가 목숨을 걸어야 하는 거죠?"

너무나 당연한 얘기가 아닌가? 나를 좋아하지도 않는 남을 위해 위험을 감수할 필요가 있을까? 나는 나를 위해 사는 것이지 남을 위해 사는 것이 아니다. 누군가의 마음에 들기 위해 그 무엇도 감당할 이유가 없다.

다큐멘터리에는 그녀의 가족도 등장했다. 멀쩡한 직업을 가진 데다 심지어 잘생기기까지 한 그녀의 남편과 아이는 마치 그녀의 삶에 벌어진 기적처럼 그려졌다. 아내를 예뻐하고 사랑스러워하는 남편을 보며 나는 그가 가진 특별한 능력을 깨달았다. 외모를 넘어 그 안에 숨겨진 아내의 용기 있고 아름다운 마음을 보는 능력. 다른 누군가를 위해서가 아니라 사랑하는 가족을 위해, 그리고 자기 자신을 위해 그 마음에 감응하는 능력. 그는 감동력을 가진 사내였다.

지적능력, 언어능력, 수리능력, 사업수완 등 사람들이 가진 능력은 서로 차별화되어 있다. 우리는 이런 능력들을 타고나는 것이라고 생각한다. 일견 맞는 말이기도 하지만 한 가지 간과하고 있는 것은 타고난 능력을 발전시키는 힘인 감동력이다. 예를 들어 아이가 유치원에서 덧셈 뺄셈을 잘 못하는 것을 보고 수리능력이 떨어지는 것을 알게 되었다고 한다면 이 아이의 수리능력은 이후에도 발전할 가능성이 없는 것일까? 아이가 셈을 매번 틀리더라도 숫자를 가지고 노는 것을 보면서 부모가 칭찬해주고 감동해주고 사랑해준다면 과연 어떤 변화가 생길 수 있을까?

지금 남들과 차별화되는 능력은 모두 과거의 감동력과 관련이 있다. 물론 천재적인 재능을 타고난 사람들과 감동력 없이 자신의 의지와 열정만으로 뭔가를 이루어낸 사람들의 예를 들어 반발할 수도 있을 것이다. 그러나 이런 경우조차도 그 의지와 열정을 일으킨 근원에는 감동력이 있었을 것이다. 감동력이 아니라 부모의 열정과 의지가 그대로 자녀들에게 영향을 발휘하여 그릇된 망상을 심어준 것이라면 그것은 비극이나 다름없다.

천재적인 피아니스트조차 그 천재성이 발현하게 된 데는 감동력이 한 몫을 담당했을 가능성이 높다. 그런데 그런 누군가의 천재성을 부러워하는 것은 거울의 1단계에 갇혀 거울 속에 비친 내 모습을 보고 으르렁대는 수준에 불과하다. 우리는 남의 마음에 비친 모습으로 살 수 없다. 우리들 저마다에게는 저마다의 세상이 있고, 자신의 세상의 주인으로서 최고의 행복을 추구해야 한다. 그래서 감동력은 매우 주체적인 힘이다. 남의 세상을 기웃거리며 행복을 구걸하지 않고 남과 비교해서 더 나은 행복을 좇지도 않는다. 감동력은 내가 세상의 주인으로 살아가는 힘인 것이다.

감동력은 누구나 가지고 있지만 그것을 제대로 쓰는 사람만이 주인이 될 수 있다.

내가 이미 가진 것은 거들떠보지도 않고 남이 가진 것만 바라보며 살고 있는 것은 아닌가? 결코 남이 가진 것의 주인이 될 수 없는데 내가 가진 것의 주인도 되지 못한 채 살고 있지는 않는가? 그것이 나의 삶인데도 말이다.

감동력은
마음의 주인이 되는 힘

우리는 자신이 행복하다는 것을 어떻게 알 수 있을까? "그냥 어떤 상황에서 그런 느낌이 오니까 아는 거 아닌가요?"라고 하는 사람들이 많다. 그렇다면 똑같은 상황에서 불행하다고 느끼는 사람들은 왜 그런 것인가? 혹은 똑같은 상황인데 한때는 불행하다고 느낀 적은 없었는가?

행복을 느끼는 가장 쉬운 방법은 내 곁에 있는 사람들을 보는 것이다. 그들이 행복해하는 모습을 보면 당신도 행복감을 느끼게 된다. 그러나 누구 하나라도 당신의 곁에서 불행해한다면 당신의 삶도 결코 행복해질 수 없다.

강연을 하러 다니다보면 젊은 뮤지션들을 만날 기회가 자주 있다. 그 친구들과 이야기를 나누다가 이런 질문을 했다.

"기타를 참 잘 치시네요. 재능이 있어요. 그런데 그 재능을 통해 가장 기쁘고 행복했을 때가 언제인가요?"

젊은 기타리스트는 잠깐 생각에 잠겼다가 말했다.

"제가 처음으로 한 곡을 악보 없이 완주를 하는 걸 보고 가족들이 기뻐해주는 모습을 봤을 때요. 정말 뿌듯했어요."

그때부터 나는 다른 사람들을 만날 때마다 이 질문을 종종 한다. 그런데 그들의 대답에는 공통점이 한 가지 있다. 대부분 자신의 재능을 통해 다른 사람을 기쁘게 해줄 때 행복했다는 것이다. 얼핏 생각하면 자신이 가진 재능으로 성공을 해서 돈과 명예를 손에 쥐었을 때 행복을 느낄 것 같은데 그게 아니었다. 결국 진정한 자아성취란 주변 사람들을 행복하게 함으로써 자신이 행복해지는 것이다. 이는 매슬로의 욕구 5단계설을 정면으로 반박할 수 있는 근거가 된다.

인간에게는 생리적 욕구, 안전의 욕구, 소속감과 애정의 욕구, 존경의 욕구, 자아실현의 욕구까지 5단계의 욕구가 있는데 하위욕구가 하나씩 채워지면서 자연스럽게 상위욕구로 나아간다는 것이 매슬로의 욕구 5단계설이다. 낮은 차원의 욕구가 채워지지 않은 상태로는 그 윗 단계의 욕구가 행동의 동기로 작용하지 않는다. 즉, 기본적인 생리적 욕구가 채워지지 않은 상황이라면 사람은 본능적으로 생리적 욕구를 채우는 데 전력을 다하게 되며 그 윗 단계인 안전의 욕구는 행동의 동기로 작용하지 못하는 것이다. 지금도 이 단계설을 신봉하는 이들이 적지 않지만 매슬로는 죽기 전에 스스로 이 피라미드가 뒤집어졌어야 옳았다고 고백을 했다.

예를 들어 사랑하는 사람과 사막을 걷고 있다고 치자. 물은 이미 떨어진 지 오래고 당신들은 길을 잃었다. 그렇게 사막을 헤매고 있는 중에 천만다행으로 사막에 떨어져 있는 물 한 병을 발견했다. 그런데 혼자 마시기에도 부족한 양이다. 과연 이 경우에 그 물을 그냥 혼자 차지할 수 있는 사람이 몇이나 될까? 욕구단계설의 가장 하위 단계인 생리적 욕구가 충족되지 않더라도 우리는 그 상위 단계의 욕구를 실현시키게 되는 것이다.

인간은 자신의 욕구보다도 다른 이들의 욕구를 먼저 살필 수 있는 존재이다. 단순한 감정이나 이성적 판단보다 스스로의 선택으로 행동을 결정하는 것은 우리가 우리의 마음을 사용하고 있다는 증거이다.

마음을 사용하는 것은 오직 나 자신만이 할 수 있는 일이다. 그리고 이렇게 마음을 사용할 줄 아는 능력만이 자신의 운명을 바꾸는 기적을 가져올 수 있다.

스스로 이끄는 사람이 되면
외부로 인해 마음이 흔들리지 않는다

흑인들이 노예로 팔리던 시절의 미국. 어느 날 12살 흑인 소녀가 노예시장에 끌려 나온 실제의 이야기다. 험상궂게 생긴 백인들이 이 소녀를 사기 위해 열띤 경쟁을 벌였다. 사람들 뒤쪽으로 약간 떨어져 서 있던 한 노신사가 계속해서 높은 가격을 불렀다. 하얀 양복을 말끔하게 차려입은 그는 자상해 보이는 인상이었다.

소녀의 경매가는 당시 건장한 장정 노예 둘을 합친 것보다 더 올라가고 있었다. 대부분의 사람들이 혀를 내두르며 떨어져나가고 남은 것은 그 노신사와 험악한 인상의 백인 남자 둘뿐이었다. 사람들의 관심이 극에 달했을 무렵 노신사는 장정 노예 셋을 합친 것보다 더 높은 몸값을 제시했고 마지막까지 남아 있던 백인 남자는 자존심이 잔뜩 구겨진 표정을 지으며 뒤돌아섰다.

노신사 앞에 선 흑인 소녀는 눈물이 그렁그렁 고인 얼굴로 가련하게 몸을 떨고 있었다. 그가 허리를 숙여 어린 소녀의 눈물을 닦아주자 소녀는 서러운 목소리로 외쳤다.

"저는 노예로 살기 싫어요!"

그러자 노신사는 침착하고 부드러운 목소리로 대답했다.

"이런, 이런, 내가 너를 산 건 너를 자유롭게 놓아주기 위해서란다. 그러니 아가야, 그런 걱정은 하지 않아도 된단다."

노신사의 다정한 말에 흑인 소녀는 더욱 소리 높여 울기 시작했다. 그리고 한참 후에 노신사의 팔을 붙들고 말했다.

"저를 이렇게 대해주시는 분은 처음이에요. 제가 평생 곁에서 모실 수 있도록 해주세요."

이번에는 이야기의 내용을 조금 바꾸어보자. 아주 비싼 값을 치르고 산 흑인 소녀를 집으로 데리고 가기 위해 마차에 태운 노신사는 서럽게 눈물을 흘리는 소녀를 부드럽게 달랬다.

"애야, 너무 슬퍼하지 말거라. 우리 집에 네 또래의 아이들이 있으니 외롭지 않을 거야. 그리고 모두들 좋은 사람들이니 지내기가 편할 거다."

그러자 흑인 소녀는 노신사를 쳐다보며 말했다.

"그래도 다행이에요. 주인님이 저를 사주시지 않았다면 그 험악하게 생긴 분한테 끌려가서 무슨 일을 당했을지 모르잖아요. 제가 장정만큼은 못하겠지만 이 은혜를 갚기 위해 열심히 일하도록 하겠습니다."

당돌하면서도 진심어린 흑인 소녀의 말에 감동을 받은 노신사는 그 후로 소녀를 유심히 살폈고 교육을 받을 기회도 주었다. 세월이 훌쩍 흘러 어엿한 숙녀가 된 소녀에게 어느 날 노신사가 말했다.

"애야, 내가 그동안 너를 쭉 지켜보니 너는 한낱 노예로 살기에는 너무나 아까운 아이야. 그래서 내가 너에게 자유를 주고 싶구나. 앞으로 하고 싶은 공부도 마음껏 시켜주고 직업도 갖게 해주마."

전자의 흑인 소녀는 노예가 되고 싶어 하지 않았지만 기꺼이 스스로 노예가 되기를 선택했고, 후자의 흑인 소녀는 기꺼이 노예가 되고자 했으나 자유의 몸이 되었다. 전자의 소녀는 자기 마음의 주인이 되지 못하고 노신사의 마음의 노예가 되었다. 노신사의 친절에 감복하여 스스로 그를 주인으로 모시기를 자청한 것이다. 그래서 몸도 마음도 노신사에게 속한 노예가 되었다. 후자의 소녀도 노신사의 친절에 감복하고 노예로 일을 하게 된 것은 마찬가지였지만 자신의 마음의 주인이 되어 노신사의 친절에 보답하는 것으로써 노동의 이유를 스스로 정했다. 그래서 결국 몸도 마음도 자신이 주인으로 남을 수 있었다.

법정스님이 남긴 말 중에 "마음을 따르지 말고 마음의 주인이 되어라."라는 말이 있다. '따른다'는 것은 내가 무언가 요구를 받는다는 얘기다.

내 마음에 무언가를 요구할 수 있는 사람이 나 말고 누가 있겠는가? 누가 있어서도 안 된다. 내 마음의 주인은 나이기 때문에 오롯이 나 혼자여야 한다. 그러니 진정한 주인이 된다는 것은 '따르는 사람'이 되는 것이 아니라 '이끄는 사람'이 되는 것이다. 스스로 이끄는 사람이 되면 외부의 것으로 인해 마음이 흔들리지 않는다.

감동력은 그 무엇에도 기대지 않고
홀로 완전할 수 있는 능력이다

우리는 '안정감'을 느낄 때 마음의 여유를 갖게 된다. 안정감이란 사전적으로는 '바뀌어 달라지지 않고 일정한 상태를 유지한 느낌'을 말한다. 이 '안정'의 상태를 크게 셋으로 나누어보면 사회적 안정, 건강의 안정, 경제적 안정이 있다. 이 세 가지의 안정이 균형을 이루면 정신적인 안정감을 느끼게 되는 것이다. 그러나 이것들 역시 영원한 것은 아니다. 예기치 않은 일로 인해 어느 한쪽이 흔들릴 수 있다. 그러면 결과적으로 정신적 안정감이 무너지게 되는 것이다.

정신적 안정감이란 눈에 보이지 않는 마음의 균형이다. 그런데 이것이 눈에 보이는 사회적 지위, 건강, 경제력으로만 지탱이 되는 것일까? 눈에 보이는 것들은 대부분 유한한 것들인데 이런 것들로 나의 정신적 안정감이 결정지어지는 것이 과연 현명한 일일까?

유한한 것은 시간과 함께 몰락한다. 육신이 나이가 들어감에 따라 우리가 가진 사회적 지위와 건강, 경제력도 함께 흩어진다. 그렇다면 시간이 지남에 따라 정신적 안정감도 같이 무너지는 것이 당연한 것인가? 죽음이 성큼 다가온 나이라도 정신적 안정을 지키며 생이 다하는 날까지 사는 것이 과한 욕심일까? 이런 정신적 안정을 끝없이 도모할 수 있도록 만들어주는 근본 바탕은 바로 감동력이다.

감동력은 타인에 의지하지 않고 스스로를 바로 세우며 경제적 안정이나 사회적 안정, 건강에 기대지 않고 자신의 정신을 어느 하나에 속박시키지 않음으로 하여 스스로를 진정으로 자유롭게 만드는 능력이다.

감동력은 마음의 주인이 되어야 제대로 발휘될 수 있는 능력이다. 이는 자신이 가진 능력이 남이 가진 것보다 나음을 증명해야 하는 다른 능력들과는 다르다. 이로 인해서 어떤 성과를 만들어 내거나 승자와 패자를 가르는 결과를 보여주지 않아도 된다.

감동력은 무한한 장점을 가지고 있고 강한 효력을 발휘하지만 이 능력을 갖기 위해 희생을 치를 필요는 없다. 감동력은 거저 주어진다. 값이 없기에 너무 하찮다. 그래서 귀하게 얻지 않아도 되는 이 능력에 관심을 갖는 이들이 별로 없다. 그러나 진정으로 지혜로운 자들은 이것이 얼마나 중요한 능력인지 잘 안다. 자신의 주인의 될 수 있는 능력이기 때문이다. 자기 자신의 주인이 된다는 것은 한 세계의 주인이 된다는 것이다. 그 세계 속에서 이름만 내건 바지사장으로 실은 종으로 살 것인지, 아니면 온전한 주인으로 살아갈 것인지를 선택하는 것은 감동력이 판가름을 한다.

마음의 거울에 비친 왜곡된 상들을 진짜라고 믿고 호랑이는 괴로워한다.

감동력을 쓸 줄 알게 되면 조련사는 날뛰는 호랑이의 고삐를 움켜쥘 수 있다. 그리고 호랑이는 조련사의 말을 듣기 시작한다.

그가 바로 마음의 주인이기 때문이다.

감동력을 사용하는 사람들, 네오테니

벼룩은 보통 120cm 정도를 뛰어오를 수 있다. 그런 벼룩들을 30cm 높이의 투명한 상자 속에 넣고 뚜껑을 덮어놓으면 벼룩들은 처음에는 계속해서 뛰어오르며 위에 덮인 판에 부딪친다. 그렇게 일정 시간이 경과한 후 뚜껑을 치우면 벼룩들은 더 이상 30cm가 넘게 뛰어오르지 않는다.

각인 효과란 특정시기에 일어나는 학습효과가 평생 동안 영향을 미치는 것을 말한다. 자의든 타의든 지속적으로 자신의 한계를 인지하게 되면 결국 그것은 한계로 각인이 되고 만다. 감동력도 마찬가지다. 감동력의 한계가 한 번 각인이 되고 나면 위축되고 도태된다. 그리고 나면 과연 감동력은 다시 회복할 수 없는 것인가?

내 안의 네오테니가 있는 곳은
나의 마음속이다

'네오테니'는 생물학적 용어로 유형성숙을 뜻한다. 동물이 어느 단계에서 개체 발생이 정지하고 그 상태에서 성숙하여 번식하는 현상을 가리키는 것이다. 인류학적으로는 어린아이의 성질을 성년기까지 그대로 간직하는 것을 의미하며 이런 면에서 일명 '젊은이의 유전자'로 불리기도 한다.

인간은 다른 사람을 기준으로 하여 자신의 위치를 파악하고 자신의 능력의 한계를 경험하기 시작하면서 점차 창의력이 떨어지고 자존감도 낮아진다. 사람들과의 관계가 넓어질수록, 사회적 경험이 쌓일수록 이 '비교'의 결과가 극명하게 드러난다. 그러나 그 반대의 경우도 있다. 네오테니적 인간들이다.

어느 날 선생님이 아빠에게 일일기록장을 통해 메모를 보내왔다.

"영수가 다 좋은데 가끔 멍할 때가 있어요."

그러자 아빠가 그 밑에 이렇게 답을 적어 돌려보냈다.

"선생님, 우리 영수가 멍할 때에는 최고로 창의적이 되는 때랍니다. 제발 그 순간을 방해하지 말아주세요."

대표적인 네오테니적 인간으로 에디슨이나 아인슈타인을 꼽을 수 있다. 이들은 지적 수준이 높고 호기심이 강하고 장난기도 많고 상상력도 풍부하다. 평소에는 실없는 실수를 범하며 어딘가 모자란 사람처럼 보이다가도 한 가지에 집중하기 시작하면 밥을 먹는 것도 잠을 자는 것도 잊을 정도로 무섭게 빠져들고, 생각에 빠져 있을 때 누가 불러도 들리지 않을 정도로 몰두한다.

네오테니적 인간은 몸은 성숙한 어른이지만 마음은 미성숙한 상태에 머무르고 있다. 아이의 감성과 의식을 그대로 지니고 있기 때문이다. 네오테니적 인간은 늘 기쁨과 호기심에 차 있고 스스로를 '가능성의 존재'로 바라본다. 그래서 무엇이든 도전을 해보려고 하는 생기와 활기에 차 있다. 내 안의 네오테니가 있는 곳은 나의 마음속이다. 네오테니적 인간들은 감동력이 매우 높다. 타고난 감동력을 어릴 적부터 나이가 들어서까지 잘 유지하고 있는 것이다.

육신은 평생 젊게 살 수 없지만 영혼은 가능하다. 영혼은 눈에 보이지 않으므로 주름살이 지지도 않고 늙지도 않는다. 영혼에는 세월이 매길 수 있는 나이가 없다. 다만 마음의 주인인 나는 마음의 상태를 결정할 수 있다. 스스로 시들어가는 길로 마음을 이끌면 마음은 시들어갈 수밖에 없다. 네오테니적 인간이 되기 위해서는 영혼은 늘 '아이'여야 한다. 그러니 육신은 세월을 헤쳐 나가지만 나의 영혼은 끊임없이 뜨거운 그 시절을 살고 있음을 믿어야 한다.

엄마가 자신의 아이를 바라볼 때에는 이미 작은 행동 하나하나에 신기해하고 기뻐하는 감동력이 충만한 상태로 네오테니다. 감동력은 상호성이 가장 중요하기 때문에 엄마의 감동력으로 인해 아이에게 호기심을 갖게 하고 아이는 자신의 한계를 모른 채 성장하게 된다. 아이가 무심히 그린 그림을 보고 감동한 엄마가 지속적으로 아이를 칭찬해주면 아이는 자라서 훌륭한 화가가 될 수도 있다. 아이가 뚱땅거리며 치는 피아노 소리를 듣고 감동한 엄마가 아이의 음악성을 길러주기 위해 노력하면 아이는 자라서 멋진 음악가가 될 수도 있다. 그렇다면 여기에서 한 가지 의문을 품을 수 있을 것이다. 중요한 것은 아이의 재능인가, 아니면 엄마의 감동력인가? 나의 대답은 엄마의 감동력이 훨씬 더 중요하다는 것이다.

애초부터 자신에게는 없는 것이라고 생각했던 능력을 훈련을 통해 얻게 된 사례는 너무나도 많다. 그리고 한 가지가 아니라 다양한 재능을 가진 사람들도 많다. 그래서 '아, 그때 그걸 했었어야 했는데…… 그럼 내가 참 잘했을 텐데…….'라고 때늦은 후회를 하기도 한다.

아이들의 재능은 무한하다. 타고난 기질이 약간의 차이를 만들어낼 수는 있지만 크게 영향을 미치는 것은 아니다. 그런데 여기에서 재능이란 다른 누군가와 비교해서 판단하기 위한 재능을 말하는 것이 아니다. 아이들이 즐겁게 하는 일을 부모처럼 가까운 주변 사람들이 감동력이 가득한 눈으로 바라봐주고 격려해준다면 아이들은 무엇이든 잘할 수 있다.

어떤 사람은 뛰어난 음악성을 타고났지만 불행한 삶을 살기도 하고, 어떤 사람은 다른 사람들이 크게 알아주지 않더라도 기타 하나 둘러메고 행복하게 살아가기도 한다. 우리의 삶은 각자의 세상에서 각자가 선택한 재능을 갖고 각자가 최고로 행복하게 사는 것이 목표다.

우리는 어떤 직업을 선택하느냐가 삶의 행복과 불행을 좌우할 것이라고 생각하지만 사실은 그렇지 않다. 이것이 맞다면 의사나 변호사처럼 남들이 부러워하는 직업을 가진 사람들은 모두 행복해야 하지 않겠는가? 직업은 자신이 관심이 있거나 잘하는 것을 생계와 연결시키는 수단이다. 그래서 다른 사람들이 보기 좋은 직업보다 내가 좋은 직업을 선택해야 하는 것이며, 그러기 위해서는 내가 좋아하는 것이 무엇인지를 먼저 제대로 알아야 하는 것이다. 돈을 많이 버는 일을 한다고 꼭 행복해지는 것은 아니다. 그런데 부모들은 어른의 눈과 기준으로 '나중에 아이가 행복해지려면'이라는 조건에 맞는 재능을 아이에게 심어주려고 애쓴다. 이것은 감동력이 아니다. 부모의 망상일 뿐이다.

부모는 그저 단순하게 하나에 집중하면 된다. 최고의 네오테니 부모란 그냥 아이들에게 감동해주는 부모이다. 그러면 아이들은 자신들이 가진 재능 중에 가장 좋은 것, 남을 행복하게 하면서 자신도 행복해지는 재능을 발전시킬 것이다. 물론 그 과정 속에 여러 가지 갈등과 시련이 있겠지만 네오테니 부모는 견뎌나갈 수 있다. 남들과 비교하지 않고 자신들의 세계에 집중하기 때문이다. 그 밑에서 자란 아이는 스스로 발전시킨 재능으로 직업을 얻고 행복하게 살아갈 것이고, 더 나아가 자신의 아이에게 감동력이 충만한 네오테니 부모가 되어줄 것이다. 행복의 근원에 있는 것은 재능이 아니라 감동력이다.

네오테니 부모라고 해서 완벽하지는 않다. 어느 날 문득 눈을 돌리니 아들과 같은 유치원에 다니는 친구가 영어로 자기소개를 하고 곱셈까지 다 할 줄 아는 것을 보고 깜짝 놀랄 수도 있다. 그러면서 '우리 아들은 어떡하지? 내가 혹시 아이를 남들보다 뒤처지게 만들고 있는 건 아닐까?'라는 의문을 품을 수도 있을 것이다. 그때 호랑이의 눈을 안으로 돌려야 한다. 밖이 아니라 자신 안에 있는 세상에 집중해야 한다. 당신은 고귀한 네오테니다. 돈도 들지 않고 평소에 늘 하던 것이지만 세상 그 무엇보다 값진 감동력을 계속해서 발휘하면 된다.

때로는 마음이 평소 같지 않고 자꾸 눈이 밖으로 향하고 남과 비교해서 주눅이 든다면 감동할 만한 일들을 찾아보라. 당신이 다시 네오테니가 되게 할 키워드는 바로 '왜?'이다. 모든 것에 '왜?'를 붙여보라. 바람이 불고 비가 내리고 타오르는 것처럼 노을이 지는 일상의 모든 것에 '왜?'를 생각하다보면 당신의 생각은 다시 안으로 집중하게 된다. 지금 이 페이지를 읽고 있는 스스로에게 '나는 왜 이 책을 읽고 있는 것일까?'라는 질문을 던지는 순간 당신은 철학자가 될지도 모른다. 당신이 감동력으로 가득한 네오테니라는 사실을 알았으면 좋겠다.

오늘의 마음사용법

원래 당신은 네오테니다. 호기심이 충만하고 끝없이 질문을 쏟아내며 본질에 다가가는 존재가 바로 당신이다. 그런데 세상이 네오테니인 당신을 바보 호랑이로 만들었다.

이제 반격을 가할 차례다. 가정에 대화가 사라졌다면 그것은 질문이 사라졌기 때문이다. 삶의 의미를 찾기 어렵다면 그것은 질문을 잊었기 때문이다. 모든 것에 "왜?"를 붙여라. 다시 질문을 시작하라.

감동력이 없어지면 생기는 일
-마음사용법을 배워야 하는 이유

공군장교로 복무하던 시절의 일이다. 진주의 공군교육사령부에서 훈련을 마치고 소위가 되어 사천에 자대배치를 받았는데 급양중대장의 임무가 떨어졌다. 소위 계급장을 단 지 얼마 되지도 않았는데 중대장이라니 어깨가 무거웠다.

자대배치를 받고 얼마 지나지 않아 소속대대에서 군기사고가 났다. 지금도 마찬가지이겠으나 군대에서 사고가 나면 소속대대 혹은 중대에서는 '군차려'라는 일종의 집단처벌을 받는다. 처벌이라고 하니 거창해 보이지만 퇴근을 못 하고 계속해서 근무를 하며 교육을 받는 것이었다. 자대배치를 받자마자 벌어진 일이기에 억울한 생각도 들었지만 장교로서 책임을 지고 있는 이상 어쩔 수 없었다.

그때 감찰 실장이셨던 대령 한 분이 교육을 오셨다. 당시 선임이었던 나에게 그가 이런 질문을 던졌다.

"중대장, 구정물에 꿀물을 떨어트리면 무슨 물이 되나?"

나는 대답했다.

"구정물입니다."

그는 내게 다시 물었다.

"그럼 꿀물이 가득 든 통에 구정물을 한 방울 떨어트리면 그 물은 무슨 물인가?"

나는 즉시 대답했다.

"구정물입니다."

"그렇지. 구정물이 이렇게 강력한 것이다. 단 한 방울로도 꿀 단지 전체를 쓰레기로 만들어버릴 수 있단 말이다."

살다보면 매일같이 구정물이 튄다. 운전을 하다가 갑자기 끼어드는 다른 차, 한눈을 팔다 사고가 나게 만드는 전화 벨소리, 거리를 걷다 부딪친 낯선 사람, 회사에서 신경을 거슬리게 하는 다른 직원, 술자리에서 무신경한 소리를 내뱉는 친구 등, 내 기분을 상하게 하고 나쁜 생각이 들게 만드는 구정물이 셀 수도 없이 내 일상에 끼어든다. 그리고 이런 구정물 한 방울 때문에 우리는 잠 못 드는 밤을 보내고 우울증에 걸리기도 한다. 그러다가 어느 순간 그 한 방울이 나의 삶을 송두리째 구정물통으로 만들어버릴 수도 있다. 이렇게 독한 구정물 한 방울에 당하기 전에 마음을 제대로 쓰는 법을 익혀야 한다. 마음을 제대로 쓰는 법, 감동력을 사용하는 법만이 구정물이 마음을 잠식하기 전에 정화를 시킬 수 있기 때문이다.

마음을 사용하는 자가 최후에 살아남는다

세 사람이 화재가 난 터널에서 목숨을 걸고 탈출을 했다. 연기가 자욱한 터널 안에서 출구까지의 거리는 겨우 100m 정도였지만 세 사람의 결말은 매우 달랐다. 한 사람은 출구까지 나오지 못하고 질식사를 했고, 다른 한 사람은 터널을 빠져나오기는 했지만 중태에 빠지고 말았으며, 오직 한 사람만이 멀쩡하게 목숨을 건졌다. 질식사를 한 사람은 당황해서 호흡을 하다가 연기에 질식을 한 것이었고, 터널을 빠져나온 두 사람 중 중태에 빠진 사람은 숨이 짧아 도중에 연기를 흡입했던 것이다. 끝까지 숨을 참을 수 있었던 한 사람만 무사할 수 있었다.

화재로 인한 질식사는 대부분은 연기를 마셔서 질식을 한 거라고 생각하기 쉽다. 그러나 실제로는 연기가 들어왔을 때 몸을 보호하려고 목젖이 내려와 기도를 막는 바람에 질식사에 이른다고 한다. 당황한 호랑이가 섣부른 결정을 내렸다가 스스로를 죽인 꼴이다. 결국 조련사의 능력으로 호랑이를 훈련하고 통제해서 연기를 잘 참아내는 사람만이 죽음을 면할 수 있다.

연기는 현실의 고통이다. 그 현실을 견디는 것이 마음을 사용하는 법이다. 마음사용법을 아예 모르고 눈앞에 닥친 상황에 당황하는 사람은 현실에 잠식당할 것이고, 마음사용법을 알기는 하나 참을성이 모자란 사람 역시 결국에 가서는 현실을 감당할 수 없어 무너지게 될 것이고, 오로지 마음사용법을 제대로 아는 사람만이 현실을 무사히 버텨내고 최후에 살아남게 될 것이다.

그러나 마음을 사용하는 법을 아는 것만으로는 충분치 않다. 실제로 마음의 힘을 써야 한다. 자동차를 오래도록 쓰지 않고 방치해놓으면 저절로 배터리가 닳아 아예 시동이 걸리지 않는다. 낡은 자동차인지 산 지 얼마 되지 않은 새 차인지는 상관없다. 시동을 걸더라도 정작 아무 데도 가지 않으면 결과는 마찬가지다. 기어를 중립에 놓은 채로 자동차에 가만히 앉아서 엔진만 공회전 시키고 있으면 무슨 소용이 있겠는가? 엔진소리만 들으면 뭔가 하고 있는 것 같은 기분이 들겠지만 마침내 마음의 결정을 내리고 어딘가로 가야만 할 때에는 엔진의 힘이 다 닳아버릴 수도 있다.

아무것도 하지 않거나 매번 불필요하고 반복적인 일에 마음이 사로잡혀 있으면 정작 마음의 힘을 써야 할 때에는 닳아버린 배터리나 엔진처럼 아무런 소용이 없게 된다. 그러니 내 마음에 구정물이 번지기 전에, 내 마음의 배터리가 닳기 전에 마음을 사용해야 한다. 그런데 감동력을 발휘하지 않으면 마음을 제대로 사용할 수 없다. 마음의 주인으로서 마음을 사용할 수 없게 되면 당신의 삶은 아무나 멋대로 들어와서 분탕질을 칠 수 있는 놀이터가 되고 말 것이다.

한 인디언이 우연히 주운 독수리의 알을 닭장 속에 넣었다. 닭이 그 알을 품었고, 얼마 뒤 독수리의 알에서 새끼 독수리가 태어났다. 그러나 독수리는 자신이 독수리인 것을 알지 못했다. 자신이 독수리인 것을 알 수 있는 방법이 없었기 때문이었다. 새끼 독수리의 눈에 보이는 것이라고는 닭들밖에 없었다. 그래서 새끼 독수리는 닭처럼 뛰고 닭들의 모이를 먹고 닭처럼 날개를 퍼덕거리며 땅에 붙어서 겨우 나는 시늉을 할 뿐이었다. 그렇게 시간이 흘러가고 독수리는 늙어버렸다.

어느 날 닭장 밖으로 하늘을 바라보던 독수리는 하늘 높이 원을 그리며 날고 있는 멋진 독수리 한 마리를 발견했다. 독수리는 옆에 앉아서 꾸벅꾸벅 졸고 있던 닭에게 말했다.

"이봐, 저기 저 멋지게 날고 있는 저 놈은 뭐지? 나도 저렇게 한번 날아보고 싶은데 말이야."

그러자 독수리와 같이 늙어가던 닭은 눈을 게슴츠레 뜨고 독수리를 힐끗 쳐다본 다음에 코웃음을 쳤다.

"꿈 깨. 쟤는 독수리야. 우리랑은 비교도 되지 않는다고."

우리는 저마다 마음속에 감동력을 품은 독수리라는 것을 알았으면 좋겠다. 닭들의 세상이라고 생각하며 좁은 닭장에서의 삶에서 벗어날 수 있는 것은 스스로 감동력을 깨워 한계가 없는 하늘을 마음껏 날 수 있는 독수리라는 사실을 깨닫는 것이다.

당신에게 감동력이 있다는 사실을 알았으면 좋겠다.

그래야 닭들의 세상이 독수리들의 세상으로 바뀔 테니까 말이다.

오늘의 마음사용법

살다보면 매일같이 이런저런 구정물이 마음에 튄다. 한 방울의 구정물이 나의 삶을 온통 구정물통으로 만들기 전에 감동력으로 마음을 정화하는 법을 익혀야 한다.
당신에겐 감동력이 있다. 당신은 하늘을 마음껏 날 수 있는 독수리다.

감동력은 초능력

　세상에는 세 종류의 사람들이 있다고 한다. 꼭 필요한 사람, 있으나 마나 한 사람, 그리고 있어서는 안 될 사람. 그래서 어른들은 아이들에게 "나중에 커서 어딘가에, 그리고 누군가에게 꼭 필요한 사람이 되어야 한다."고 당부한다. '훌륭한 사람은 꼭 필요한 사람'이라는 말도 잊지 않고 덧붙인다.

　과연 '꼭 필요한 사람'이 있을까? 아마 그가 없다고 모든 것이 마비되거나 천지가 개벽할 일이 벌어지는, 그런 사람은 없을 것이다. 그렇다면 있어서는 안 될 사람은 어떤가? 사회에서 아무리 '쓰레기'로 낙인이 찍힌 사람이라고 해도 한 가정에서는 없어서는 안 될 가장이나 부모, 자식일 수도 있다. 그러니 누군가를 향해 함부로 '있어서는 안 될 사람'이라고 해서는 안 될 일이다. 그렇다면 대부분의 사람들은 남은 하나의 범주 안에 속해 있다고 봐도 무방할 것이다. 바로 '있으나 마나 한 사람'이다.

자신을 '있으나 마나 한 사람'이라고 부르면 기분이 상하지 않을 사람은 없을 것이다. 이 얼마나 자신의 존재를 미미한 것으로 깎아내리는 말처럼 들리는가. 그러나 냉정하게 생각해보자. 내가 당장 오늘 죽어 없어진다고 해서 세상이 돌아가지 않을까? 그렇지 않다. 마치 아무 일도 없었던 것처럼 세상은 돌아가던 대로 잘만 돌아갈 것이고 남은 사람들은 슬픔에서 헤어 나오려면 시간이 걸리기는 하겠지만 결국에는 자신들의 인생을 열심히 살아나갈 것이다.

아이가 태어나면 엄마의 세상이 바뀐다. 자신의 목숨을 던져도 아깝지 않을 존재인 아이에게 무한한 사랑을 쏟기 시작한다. 그런데 엄마는 왜 이렇게 하는 것일까? 자신이 낳은 자식이기 때문에 그래야 한다고 생각하는 것일까? 아니면 자신에게서 나오는 엄청난 사랑으로 행복해졌기 때문일까? 엄마의 관점에서가 아니라 아이의 관점에서 바라보면 새로운 것이 보인다.

아이는 엄마가 없으면 살 수가 없다. 아이에게 엄마는 생존을 위해 꼭 필요한 존재다. 이로 인해 엄마에게 존재의 변화가 일어난다. 그동안은 이 지구상의 대부분의 인간들처럼 '있으나 마나 한 사람'이었던 여자가 엄마가 되면서 '꼭 필요한 사람'으로 바뀌는 것이다. 이것은 엄청난 일이다. 마치 돌멩이가 금덩이가 되는 것과 맞먹는 가치의 변화인 것이다.

이런 존재의 변화가 엄마에게서 모성애를 만들어낸다. 이것은 불가능도 가능케 하는 어떤 능력보다 뛰어난 능력이자 숭고한 능력이다. 이 힘의 근원에는 아이의 부족함이 있다. 엄마 없이는 생존이 불가능한 아이의 부족함으로 인해 엄마의 존재의 전환이 일어난다. 이 변화는 변화 자체로서도 의미가 있지만 그 변화가 주는 놀라운 능력에 더 큰 의미가 있다.

예를 들어 우리는 아이가 말을 배우는 것이 당연하다고 생각을 한다. 과연 그럴까?

감동력으로 무장한 슈퍼영웅

2008년 3월 러시아에서 일어난 일이다. 기괴한 소리가 들린다는 이웃의 제보로 경찰이 그 집을 찾아가봤지만 별다른 점을 발견할 수 없었다. 그래서 막 집을 나서려던 찰나에 그 이상한 소리가 들려왔고 집 뒤로 돌아가보니 커다란 새장 속에 한 소년이 갇혀 있었다. 소년의 이름은 반야유딘이었다.

경찰이 소년을 구조하기 위해 새장 문을 열려고 하자 소년은 새처럼 손을 퍼덕거리며 경찰의 손을 쪼아댔다. 그러면서 사람의 말이 아닌 새 울음소리 비슷한 비명을 질러댔다. 소년의 엄마는 미혼모로 소년을 낳아서 일곱 살이 될 때까지 새장 안에서 길렀다고 했다. 엄마가 돌보지도 않고 말을 가르치지도 않아서 소년이 말을 할 수 없었던 게 아니냐고 한다면, 이런 경우는 어떤가?

2009년 5월 시베리아의 한 동네에서 일어난 일이다. 소란스러운 소리에 동네 사람들이 한 집으로 모여들었다. 가족이 거나하게 술판을 벌이고 있는 가운데 여자아이 하나가 개들 사이에 섞여 기어 다니며 마치 개처럼 짖고 있는 게 아닌가. 누군가의 신고로 경찰들이 달려와 나타샤라는 이름의 소녀를 구조했는데 나타샤는 사람의 말을 전혀 할 줄 몰랐다. 그런데 황당한 것은 나타샤가 그동안 가족들 사이에서 멀쩡하게 생활해왔다는 것이었다. 그저 관심을 받지 못했던 것뿐이었다.

말을 배우는 것은 인간으로서 하나의 능력을 갖추는 일이다. 저절로 생기는 능력은 아니라는 것이다. 아기가 처음으로 '엄마'와 '아빠'라는 말을 했을 때 얼마나 가슴이 벅차오르는지 아이를 키워본 사람은 모두 공감할 것이다. 이 단순한 단어 하나도 그냥 말하게 되는 게 아니다. 엄마가 감동력으로 이끌어낸 '위대한 기적'인 것이다.

엄마가 아이와 끊임없이 애착관계를 맺고 아이의 사소한 옹알이 하나, 사소한 반응 하나에 공감하며 반응을 해주어야 아이의 말문이 서서히 트인다. 엄마와 아이의 감정적인 교감이 아이에게 말하는 능력을 부여하는 것이다.

언어능력이 본능이 아니라 감동력의 결과라면 인간이 진화의 과정에서 처음 보여준 파격적인 진보인 '직립보행'의 능력은 어떤가?

인도에서 늑대에 의해 길러진 여자아이 둘이 발견되었다. 두 살과 일곱 살 정도 되어 보이는 이 아이들에게 아말라와 카말라라는 이름을 지어주었다. 아이들은 네 발로 기어 다녔으며 밝은 곳을 두려워했다. 그런데 1년이 채 지나지 않아 아말라는 죽었고 카말라는 1년 반 만에 겨우 두 발로 걷게 되었으나 9년 뒤 시름시름 앓다가 죽고 말았다.

인간에게 직립보행이 본능이라면 짐승들 사이에서 자란 이 모글리 증후군의 아이들은 왜 걷지 못하는 것일까? 그 답은 아기가 처음 걷는 것을 배우는 과정에 있다. 걷는 것 역시 말하는 것처럼 본능이라기보다 '배우는 것'이다.

처음 걸음마를 시작할 때 아기들은 수시로 넘어진다. 걷다가 넘어지면 어른도 아프다. 아기라고 아프지 않을 리가 없다. 그런데 아기들은 엄마가 걸음마를 시키며 "아이고, 잘한다. 아이고, 잘한다." 하고 칭찬을 하면 어떻게든 서툰 걸음을 한 번이라도 더 내딛기 위해 온 힘을 다한다. 그리고 제대로 걸음마를 할 때까지 수천 번을 넘어지고 또 넘어진다. 이 과정에서 아기가 다리며 엉덩이며 발이 얼마나 아플지 상상해보았는가?

아기에게 꼭 걸어야 하는 특별한 이유란 없다. 걷는 것은 죽고 사는 문제가 아니다. 그냥 기어만 다녀도 아기의 삶에는 아무런 지장이 없다. 그런데 아기는 왜 거듭해서 일어나고 또 일어나는 것일까? 바로 엄마 때문이다.

엄마는 아기에게 걸음마를 가르치며 아기의 노력과 반응에 감동을 해주는 감동력을 발휘한다. 그러면 아기는 넘어지는 고통을 이기고 다시 일어서는 것이다. 엄마의 감동력이 걸을 줄 모르는 아기에게 걸음마에 도전하게 만들고 아픔을 참게 만든다. 이것이 기적이 아니고 무엇일까? 이런 경이로운 일을 가능하게 만드는 능력이 우리 모두에게 있다.

누군가 걷지 못하는 자를 걷게 하거나 말을 하지 못하는 자의 입에서 말이 쏟아지게 한다면 다들 기적을 행하는 사람이라고 경이로워할 것이다. 그런 일을 해낸 사람이 바로 당신이며 당신의 부모이며 당신의 자식이다. 세상에 하나밖에 없는 존재인 당신이 할 수 있고 해낸 일이며 당신이 부리는 마법이다.

만일 지금 내 아이가 말이 늦고 걷는 것이 더디다고 해서 스스로 자책할 필요는 없다. 그것은 당신이 잘못해서가 아니다. 수많은 다른 요인들이 문제를 일으킬 수도 있다. 그럼에도 불구하고 당신이 당신 자신과 사랑하는 아이를 위해 더 지극한 감동력을 발휘한다면 당신과 아이의 세상은 지금보다 훨씬 더 나아질 것이다. 그 누구의 것과도 비교할 수 없는 당신의 행복을 남들이 덜어내도록 내버려둬서는 안 된다.

아기에게 엄마는 신과도 같다. 아기에게 생명을 줄 수도 있고, 죽음을 줄 수도 있는 존재이기 때문이다. 그러니 신적인 능력을 발휘할 수밖에 없지 않은가? 아이에게 말을 가르치고 걸음마를 가르치고 아이를 하나의 완성된 인간으로 길러내는 이 기적의 감동력은 특별한 누군가만 가지고 있는 것이 아니라 모든 엄마들이 가지고 있다. 그런데 아이가 자라면서 엄마의 조건 없는 감동력에 제동이 걸린다. 아이큐처럼 수치화되는 능력, 성적표, 등수가 매겨지는 경쟁 등이 끼어들어 더 중요한 자리를 차지하게 되는 것이다.

아이를 유치원에 보내놓고 엄마는 걱정을 하기 시작한다.

'옆집 철수는 벌써 한글을 읽을 줄 알던데……'

세상에 하나밖에 없는 내 아이의 특별함을 재는 데 어느새 기준이 생긴 것이다. 초등학교를 보내면서 엄마는 또 걱정을 한다. '영희는 수학을 100점을 맞았다는데 우리 애는 아빠를 닮아서 수학에 재능이 없나?' 이제 막 수학공부를 시작한 아이는 '영희'를 기준으로 수학에 재능이 없는 아이가 되어버렸다.

감동력은 보이지 않는 능력이다. 원래 감동력은 연약한 아기의 부족함을 사랑하는 마음에서부터 비롯된 기적의 능력이었는데 눈에 보이는 이런 것들이 이 위대하고 고귀한 능력을 위축시키기 시작한 것이다.

아이의 입장에서는 어떤가? 자신에게 말을 가르치고 걷게 만들어준 신과 같은 엄마가, 자신을 세상 그 무엇보다도 귀하게 여기던 엄마가 어느 순간부터인가 자꾸 다른 사람들과 자신을 비교하고 세상의 기준으로 자신을 본다는 것을 깨닫는 동안 아이는 실망하고 상처를 받는다. 그리고 엄마처럼 아이도 변하기 시작한다. 옆집 철수는 비싼 책가방을 메고 멋진 자가용으로 등교를 하는 것이 눈에 들어오고 영희의 엄마가 자신의 엄마보다 더 예쁘고 돈도 많다는 것을 깨닫는 것이다.

엄마는 더 이상 절대적으로 나를 사랑해주는 세상에 하나밖에 없는 멋지고 훌륭한 사람이 아니다. 그리고 엄마가 나를 다른 아이들과 비교하는 그 기준은 사회에서 중요하다고 하는 그 기준이라고 생각하게 된다. 그래서 자신에게 신과 같던 엄마가 어느새 골목길에서 흔하게 마주치는 동네 아줌마와 비슷한 존재가 된다. 엄마가 언제나 소중한 사람임에는 변함이 없지만, 예전의 그 무한한 사랑으로 자신을 감싸안아주던 신과 같은 엄마는 더 이상 없다. 엄마와 아이의 감동력이 나란히 후퇴하게 되는 셈이다. 과연 완벽하지 않다는 것, 완전히 채워지지 않고 모자람이 있다는 것은 남보다 뒤떨어진다는 의미인가?

**현명한 자만이 자신의 부족함을 알고,
자신의 부족함을 아는 자만이 끊임없이 앞으로 나아갈 수 있다**

아빠와 아들이 차를 타고 여행을 하는 중에 차 안에서 아들이 물었다.

"아빠, 차에서 가장 중요한 곳은 어디예요?"

아빠는 순간 아들에게 뭐라고 답을 해주어야 할지 몰라 당황했다. 그래서 아들에게 되물었다.

"글쎄…… 너는 차에서 중요한 게 뭐라고 생각하니?"

아들이 대답했다.

"바퀴가 아닐까요?"

"그렇지. 바퀴가 중요하지. 그리고 또 뭐가 있을까?"

"엔진이요."

"그래, 엔진도 중요하지. 또 뭐가 있을까?"

아빠의 계속된 질문에 아들은 차의 부품들을 하나씩 댔다. 그리고 아빠는 마지막으로 아들에게 물었다.

"그럼 이 모든 것들은 무엇을 위해 존재하는 거지?"

아들은 골똘하게 생각에 잠겼다. 그리고는 대답했다.

"사람을 위해서요. 우리가 차를 타려면 이런 것들이 있어야 하니까요."

"그렇지. 그러니까 이렇게 차의 모든 부품들은 사람이 앉아 있는 공간을 위해 존재하는 것들인 것이지."

그러자 아들이 웃으며 외쳤다.

"그러면 제일 중요한 건 공간이네요!"

세상에서 가장 중요한 것은 아마 '공간'일지 모른다. 모든 존재는 공간을 품고 있다. 그 공간은 비어 있음이자 여백이고 부족함이다. 진정한 감동력은 부족함에서 나온다. 부족하다는 생각이 없어지면 감동력은 더 이상 나오지 않는다.

소크라테스의 지인 중 하나가 신전에서 "소크라테스보다 현명한 사람이 있습니까?"라고 묻자 그 자리에서 "없다."라는 신탁이 나왔다. 이를 전해들은 소크라테스는 자신이 무지하다는 것을 증명하기 위해 당대의 유명한 철학자들의 현명함을 시험해보고 다녔다. 그 후 소크라테스는 이런 결론을 내렸다.

"나는 내가 무지하다는 것을 알고 저들은 저들이 무지하다는 것을 모른다. 내가 무지하다는 사실을 알고 있는 사람이기 때문에 나는 가장 현명한 사람이 맞다."

결국 내가 모른다는 것을 아는 것이 진정으로 아는 것이다. 자신의 부족함을 아는 것은 대단한 능력이다. 그것은 자신 안에 있는 빈틈, 즉 빈 공간을 찾아내는 것이다. 그 공간은 나만이 채울 수 있다. 공자도『논어』에서 비슷한 말을 했다.

"아는 것을 안다고 하고 모르는 것을 모른다고 하는 것, 그것이 참으로 아는 것이다."

어느 날 선생님 한 분이 찾아와서 물었다.
"훌륭한 선생님이 되는 법을 아시나요?"
그래서 나는 웃으며 대답했다.
"하하하, 제가 그걸 알았으면 진즉 훌륭한 선생님이 되었겠죠. 그런데 가만히 생각해보면 우리는 평생 남이 가르치는 것만 배우고 살았네요. 그래서 그 배움이 끝나면 가르치는 일을 시작하고요. 혹시 잘 배우는 법을 가르쳐보시는 건 어떨까요?"
"배우는 법이요? 어떻게요?"
그 선생님은 당최 무슨 말인지 모르겠다는 표정으로 나를 쳐다보았다.
"모든 사람에게는 배울 점들이 있잖아요. 선생님이 가르치시는 아이들에게 배워보는 거죠. 오늘은 너한테 이런 걸 배웠다, 오늘은 너한테 저런 걸 배웠다, 라고 하는 거예요. 그러면 아이들도 무엇을 어떻게 배워야 하는지를 저절로 배우게 되지 않을까요?"

교육은 더 이상 지식을 전달하는 것만으로 그 소임을 다하는 시대가 아니다. 인터넷과 스마트폰이 손 안의 백과사전 역할을 충실하게 해내고, 교실에서 선생님이 전달할 수 있는 지식의 양은 결코 컴퓨터를 넘어설 수 없다. 대신 교육 현장에서 인간만이 할 수 있는 게 있다. 바로 진정성 있는 질문을 던지는 일이다. 그것은 자신이 모른다는 것을 아는 사람만이 할 수 있는 일이다.

운동을 계속하면 새로운 근육이 생기고 발달하는 것처럼 부족함에서 오는 질문은 의식을 훈련시키고 새로운 지평을 넓혀간다. 부족함으로 하여 내가 끊임없이 새로운 존재가 되어갈 수 있는 가능성이 있다면 그것이 감동력의 기적이 아니고 무엇이겠는가.

집념의 시크릿

자신들이 가지고 있는 신기한 능력을 말하는 사람들이 있다. 예를 들면, 자신들이 꼭 필요할 때 꼭 필요한 돈이 갑자기 생겼다든지, 느닷없이 귀인이 나타나서 자신을 도왔다든지 하는 일들 말이다. 이것은 기다렸다는 듯이 모자이크의 조각들이 모여들고, 마치 그 일이 숙명처럼 자신에게 다가오기도 한다. 사람들은 이런 일들을 매우 신기해한다.

하지만 그것은 그리 신기한 일은 아니다. 이것은 호랑이가 가진 망상의 능력에서 시작된다. 망상은 원래 있던 것들이 아니다. 그냥 거짓을 만들어내는 능력 덕분에 생긴 능력이다.

잘 훈련된 호랑이에게는 아주 강한 집중력이 생기게 된다. 이 집중력은 사실은 망상을 모으는 능력이다. 보기에 흐릿한 것이 집중을 하고 잘 보이는 것과 비슷하게, 이 집중하는 힘은 없던 것들을 만들어 낸다.

아이가 그림을 그리는 것과 같다. 아이가 집을 그리면, 그것은 진짜인가 가짜인가? 가짜라고 할 것이다. 그렇다면 아이가 그린 그 집을 건축사인 아빠가 멋진 설계도로 만들었다면 그것은 진짜인가 가짜인가? 그것도 역시 가짜이다. 건축사가 그 설계도를 따라 종이를 깔아서 바닥에 집처럼 크게 펼쳤다. 이것은 진짜인가 가짜인가? 그것도 가짜다. 그런데 이제 건축사가 그 종이 위에 종이를 더하기 시작했다. 그랬더니 입체가 되어간다. 그것은 진짜인가 가짜인가? 그것도 아직은 가짜겠지? 그런데 이 집념의 건축사가 이 종이들을 쌓아서 사람이 살 수 있는 집과 똑같이 만들었다. 이것은 아직도 가짜인가?

아이의 그림에서 출발한 이 집은 보이기도 하고 만져지기도 하고 사람이 살 수도 있게 되었다. 이 마법 같은 일은 어떻게 가능하게 되었는가? 그것은 바로, 인간들이 망상을 다루는 능력이 생긴 것이다. 즉, 거짓을 만드는 능력에 집중하면 집념이 된다. 이 집념은 생각을 모은다는 뜻이다. 생각이 모이게 되면, 이처럼 우리가 현실세계라고 믿는 것들을 만들 수 있다.

이것들은 한 객체가 하나의 집념으로 무엇을 만들어가기도 하지만, 여럿의 망상들이 집념을 일으키기도 한다. 혹은 한 개체가 일으킨 집념이 다른 개체들의 망상을 끌어와서 호랑이들이 보기에는 아주 신기한 일들을 일으키기도 한다. 호랑이는 이처럼 철없다. 자신이 일으킨 일에 자신들이 놀랜다. 마치 강아지가 자기가 뀐 방귀 소리에 놀라는 것과 비슷하다.

그 집념은 신기하게 마치 우주의 기운을 끌어오는 것처럼, 수많은 망상들을 끌어다가 거대한 부를 축적할 수도 있고, 호랑이들의 상상을 초월하는 기적적인 일들을 일구기도 한다. 삶 속에서는 마치 기다렸다는 듯이 내가 기대하던 일이 내가 원하는 시점에 일어나기도 하고, 꼭 만나고 싶어 하던 사람을 우연히 만나게 되기도 한다.

이런 일들이 일어나는 것을 정리한 책이 바로 『시크릿』이다. 참 안타깝게도 이 책에서는 그 신비함만 다루었다. 조련사의 눈에는 아무것도 아닌 일이다. 그냥 호랑이들이 자신들이 뀐 방귀에 놀라 신기해하는 것과 같은 맥락이다.

조련사는 여기에 머물지 않는다. 조련사는 호랑이가 가진 이 집념을 이용해서 자신을 성장시킨다. 이 집념을 호랑이가 조련사를 잘 깨울 수 있는 도구로 활용한다. 혹은 이 집념으로 조련사와 호랑이의 관계를 규명하기도 하고, 우주의 비밀을 풀기도 한다.

조련사는 혼자 그것을 이룰 수 없다. 호랑이가 가진 이 신비한 능력을 통해 조련사는 성장한다. 이 집념을 자신을 위해 사용하는 힘이 감동력이다.

누군가 당신에게 "당신은 감동력이 부족한 거 같아요."라고 하는 소리를 듣고 화가 난다면 당신은 정말 감동력이 부족한지도 모른다.

하지만 "어머, 그걸 어떻게 알았어요?"라고 묻는다면, 그 부족은 그에게로 가버린다.

세상을 바꾸는 힘,
감동력의 활용기

세상을 바꾸는 힘, 감동력

눈으로 보는 것은 둘로 나누어볼 수가 있다. 하나는 '보는' 것이고 다른 하나는 '보이는' 것이다. '본다'는 것은 자신의 의지를 일으켜 보는 것이고 '보인다'는 것은 그냥 아무런 의지 없이도 눈에 들어오는 것이다. 우리는 대개 보이는 것을 그냥 볼 뿐이다. 눈에 보이는 것 너머를 보는 것은 매우 힘든 일이다. 그러기 위해서는 아주 특별한 눈과 의지가 필요하기 때문이다.

기차 안에서 우는 아이를 달래며 엄마가 진땀을 흘리고 있다. 수많은 승객들의 시선이 아이와 엄마에게 꽂힌다. 아이의 울음소리가 거슬리는 승객들은 엄마에게 불편한 표정을 지어 보이고 엄마는 안절부절못하는 기색이 역력하다. 그때 한 승객이 급기야 승무원에게 짜증을 낸다.

"혼자 있는 것도 아니고 여러 사람이 함께 이용하는 기차인데 어떻게 좀 해주시죠? 도무지 차분하게 있을 수가 없네요."

그러자 승무원은 그 승객을 바라보며 말한다.

"손님, 여기는 유아동반석입니다. 아이가 보채면 시끄러운 소리가 나는 것은 당연하고, 그것을 감수하고 이곳의 좌석을 구입하시게 되어 있습니다. 다른 빈 좌석으로 옮겨드리고 싶지만 하필이면 오늘 만석이군요. 입석이라도 괜찮으시겠습니까?"

남자는 더 이상 아무 말도 하지 않았다.

이 기차 안에는 최소한 다섯 가지 이상의 시선이 있다. 엄마의 시선, 직접 불평을 드러내는 승객의 시선, 불만은 있지만 말로 하지는 않는 승객의 시선, 불평 대신 엄마와 아이를 걱정하는 승객의 시선, 그리고 승무원의 시선. 모두가 같은 상황을 바라보고 있지만 이 중에서 자신의 시선으로 인하여 마음의 고통을 받지 않는 이가 있다면 엄마와 아이를 걱정하는 승객뿐이다.

엄마는 엄마대로 울음을 그치지 않는 아이를 바라보며 바늘방석이라 괴롭고, 직접 불평을 드러낸 승객은 엄마와 아이를 향해 불만을 쏟아내고 나서도 계속해서 마음이 언짢고, 불만은 있지만 말로 하지는 않는 승객은 속으로는 불만이 가득하면서 입을 다물고 있으려니 답답하고, 승무원은 다른 승객들과 엄마와 아이 사이에서 껴서 난처할 것이다. 그러나 엄마와 아이를 걱정하는 승객은 그저 두 사람을 안쓰러운 눈으로 바라보며 그들의 처지를 이해해주려고 하는 것일 뿐, 괴로움은 없다.

아기의 울음소리를 들으며 기분이 좋을 사람은 없다. 그래도 불평하기보다 걱정하는 마음으로 들어줄 수 있는 것은 보이는 것을 그대로 보는 것이 아니라 그 너머를 들여다보기 때문이다. 눈에 보이는 것은 엄마가 아무리 달래도 울음을 그치지 않는 아기지만 그 너머에 숨은 사정은 혹시라도 아기에게 어떤 문제가 있어 울음을 그치지 않는 것일지 모르고 그런 아기를 속수무책으로 지켜보는 엄마의 마음이야 더없이 불안하고 초조할 것이 당연하다.

가만히 들여다보면 세상에는 마음으로 품지 못할 것이 없다

눈에 보이는 것 뒤에는 항상 '그 너머의 것'이 있다. '그 너머를 바라보는 시선'은 어떤 과정을 거쳐야 한다. 다른 이의 말과 행동을 듣거나 그냥 보는 것만으로는 부족하다. 입을 다물고 시간을 들여 바라보며 그 너머의 말과 행동이 비롯되는 마음을 깨닫고 그것을 받아들여야 한다.

자신의 늦은 귀가에 짜증을 내는 아내를 보며 도리어 더 짜증을 내는 남자가 있다. 당장 눈에 보이는 것은 짜증을 내며 토라지는 아내지만 그런 아내의 말과 행동에 즉각적으로 반응을 하는 대신 입을 닫고 아내를 물끄러미 바라보라. 그 너머에 하염없이 남편을 기다리며 걱정했을 아내가 보일 것이다. 그런 아내의 진심을 깨닫고 받아들인다면 아내에게 남자가 해야 할 일은 짜증을 되받아치며 화를 내는 것이 아니라 위로와 사과의 말을 하는 것이다. 남편을 보는 순간 튀어나온 아내의 짜증이 시작된 진짜 마음은 남편에 대한 사랑이기 때문이다.

힘든 프로젝트를 기한 내에 마치지 못한다고 들들 볶는 상사의 날카로운 지적 너머에는 조금이라도 빨리 실무에 숙련될 수 있도록 해주고 싶은 마음이 있을지도 모른다.

감동력은 조련사의 눈으로 세상을 보게 만든다. 눈에 보이는 것 '너머'의 것을 보게 되는 것이다.

눈에 보이는 것만 믿는다면 반쪽의 세상을 보고 있는 것과 같다. 사람의 마음은 좋은 것이든 나쁜 것이든 무엇이든 감출 수 있고 가릴 수 있기 때문이다. 그리고 눈에 보이는 대로만 보면 세상은 온갖 부조리와 모순과 비열함으로 가득 차 있다. 그래서 불만 가득한 눈으로 매일같이 '이 망할 놈의 세상'이라고 한탄을 하게 되는 것이다.

노력하지 않아도 내 눈에 들어오는 것의 너머를 들여다보려고 자신의 의지를 일으킬 때 비로소 나의 세상은 변하기 시작한다. 조련사의 능력으로 재창조된 세상은 눈에 보이는 그대로보다 훨씬 더 인간적이고 아름답다. 그래서 나는 늘 '이기적으로 살라'고 말한다. '이기적'이라는 것은 사전적 의미처럼 '자기 자신의 이익만을 꾀하는 것'이라기보다 자신에게 이로운 쪽으로, 자신의 마음이 편해지는 쪽으로 살라는 것이다.

보이는 대로의 세상보다 감동력으로 재창조한 세상 쪽이 훨씬 살 만하게 보이는 것이 당연하다. 원망하는 것보다 이해하는 편이 마음이 편하고, 화를 내는 것보다 안쓰럽게 여기는 편이 마음을 덜 다친다. 남을 위해 하는 일이 아니라 나 자신을 위해 하는 일이다. 그러니 나를 이롭게 하기 위해 눈에 보이는 것 너머의 것을 들여다보려고 애써야 한다. 나의 세상을 아름답게 바꾸는 것이 자기 변혁의 시작이다.

순간명상 '감동력'

인간의 몸에서 뇌만이 사고의 역할을 관장한다고 생각하던 시절 장기이식 환자들에게서 특이사항이 보고되었다. 환자들 중 일부가 이식수술 후 이전과는 다른 생활습관을 보이는 것이었다.

육식을 즐기던 사람이 채식주의자가 되거나 온순했던 사람이 갑자기 난폭한 성향을 보이기 시작하기도 하고 초등학생 수준의 그림실력을 가지고 있던 어떤 사람이 심장이식 수술 후 놀라운 그림실력을 보였는데 알고 보니 자동차 사고로 숨진 아마추어 화가의 심장을 이식받은 경우도 있었다. 심리학적으로 이를 '셀룰러 메모리Cellular Memory'라고 하는데, 심장과 같은 인간의 장기에 세포 기억 기능이 있어 그 사람이 가진 기억이나 습관, 식성 등의 많은 것이 그 안에 저장된다는 가설이다. 그러나 아직까지도 이에 대해 과학적으로 정확하게 증명된 사실은 없다.

마음이라고 하면 사람들은 보통 심장을 제일 먼저 떠올리기 마련이다. 그러나 사실은 뇌에서 보내는 호르몬에 심장이 반응을 하고, 그 반응을 우리가 감정으로 느끼는 것일 뿐이다. 그래서 뇌가 없으면 마음도 없고 뇌에 이상이 생기면 마음에도 이상이 생긴다고 한다. 이 말이 사실이라면 뇌에서 인식하지 못하는 것을 심장이 인식하는 것은 불가능한 일이어야 한다. 과연 그럴까?

갑자기 심장박동이 빨라지면서 불안한 기분에 사로잡힌 엄마가 아들에게 전화를 건다. 그런데 아들이 전화를 받지 않는다. 얼마 후 엄마는 아들이 건널목에서 교통사고를 당해 병원으로 실려 갔다는 전화를 받는다. 아직 뇌가 인지하지도 못한 일을 그 어떤 이유로 심장이 먼저 알아차린 것이다.

뇌의 인지 범위를 벗어난 불안의 증상들이 나타날 때, 아무런 이유 없이 심장박동이 빨라질 때, 아무리 가슴에 손을 얹고 마음을 가라앉혀보려고 해도 도무지 마음대로 되지 않을 때, 가장 간단하게 탈출할 수 있는 방법이 있다. 바로 감사했던 순간을 떠올리는 것이다. 그러면 불규칙했던 심장박동이 서서히 안정을 되찾아가기 시작한다.

내가 주변 사람들에게 주로 권하는 방법 중 하나는 영화 속에서 봤던 장면을 응용한 것으로 불안을 느낄 때마다 심장 위에 손을 얹고 "다 괜찮을 거야."라고 주문을 외듯 이야기를 건네는 것이다. 그러면 심장은 거짓말처럼 그 말을 알아듣는다. 그 순간에 누군가에게 감사했던 기억을 떠올리는 효과는 배가 된다. 그런데 여기서 명심해야 할 것 한 가지는 그 감사가 진심에서 우러나온 것이 아닌 입에 발린 말이어서는 안 된다는 것이다.

세상에서 가장 쓸모가 많고 효과적인 말이면서 사람들이 그 진정한 의미를 가장 많이 잊고 사는 말이 '감사합니다'와 '미안합니다'이다. 예의를 지키기 위해 습관처럼 하다보니 가장 가벼운 말이기도 하다. 형식적으로가 아니라 내가 진정으로 감사한 마음과 미안한 마음에서 우러나와 누군가에게 이 말을 했던 것이 언제였는지 기억하는가? 진정한 감사는 감동과 함께 온다. 일상에서 감동력은 감사로 표현된다.

사람들을 만나다보면 처음 보자마자 마음에 드는 사람이 있고, 혹은 피하고 싶은 사람도 있다. 어떤 보고에 의하면 사람은 처음 만난 사람이 자신에게 도움이 될지, 않을지를 판단하는데 3초밖에 안 걸린다고 한다.

왜 그럴까? 나의 생각은 파장 때문이다. 모든 사람에게는 파장이 나온다. 그 파장들로 인해 우리는 느낌을 받는다.

파장을 연구하는 사람들에게 파장은 매우 과학적이며 엄청난 내용을 담고 있으나, 마음사용법에서는 매우 간단하게 설명한다. 나랑 맞는 파장은 나에게 좋은 사람이 될 가능성이 많으며, 나와 맞지 않는 파장은 반대다. 그렇다면 스스로 좋은 파장을 일으킬 수 있는 방법은 없을까?

아빠가 유치원 딸에게 말한다.

"내가 너한테 아주 신기한 플레이어를 하나 줄게, 이건 보이지는 않아, 아빠가 니 마음속에 넣어줄 거야, 이것의 작동법은 간단해. 네 새끼손가락을 꾹 누르면 "사랑해"라고 사랑이 끊임없이 넘쳐나서 너를 행복하게 할 거야. 네가 슬프거나 우울할 때, 화날 때 누르면 도움이 될 거야."

"네, 아빠."

그리고 몇 주 후, 유치원에 데려다 주는 차 안에서 딸이 이야기한다.

"아빠, 유치원에서 새끼손가락을 꾹 눌렀어요."

아빠는 신기해하며 말한다.

"그래, 왜 눌렀어?"

"음, 친구가 괴롭혀서 눌렀어요."

"그래서 어땠어?"

"사랑해가 막 나왔어요."

"그래서?"

아빠는 흥분하며 물었다.

"행복해졌죠."

여러분들의 부족한 감동력을 깨우기 위해 나는 여러분에게 이 신비한 플레이어를 기꺼이 선물한다. 이제 여러분의 새끼손가락을 한번 눌러보시라. 사랑해가 막 나올 테니.

내 강좌에 온 많은 고관대작들도 새끼손가락을 누른다. 이것을 이해하고 따라 할 수 있는 사람은 오직 2단계를 열망하는 여러분밖에 없다.

진정한 감사는 겸손한 마음에서 나온다

밥을 먹다가 '이 쌀을 수확하기 위해 올여름 농부들이 얼마나 고생을 했을까? 참 감사하네.'라고 생각하는 마음에는 맛있는 밥에 감동이 있다. 설거지하는 어머니의 뒷모습을 보며 '늦게 들어와도 꼬박꼬박 밥을 챙겨주시는 어머니가 있어서 난 참 행복한 사람이네.'라고 생각하는 마음에는 나를 사랑하고 아껴주는 어머니에 대한 감동이 있다. 그저 하는 말이 아니라 마음에서 우러나온 감동이 감사의 말이 되어 나오는 것이고 이런 진정한 감사가 기적을 이끈다.

식당에서 음식을 나르는 직원의 서비스에 대해 한 손님은 감사하는 마음을 가졌고, 또 한 손님은 화를 냈다. 감사하는 마음을 가진 손님은 "나에게 음식을 가져다주는 수고를 해주니 고맙잖아요."라고 하고, 화를 낸 손님은 "내가 낸 돈이 얼만데 이런 말도 안 되는 서비스를 참아야 하는 거죠."라고 한다. 후자의 경우에 분노를 일으키는 원인은 '기대'이다.

기대의 잣대는 나에게 있으므로 상대방이 그것을 완벽하게 충족시켜주기란 매우 힘든 일이다. 그래서 기대는 불만을 일으키게 마련이고 순식간에 기대를 한 사람이나 기대에 못 미친 사람이나 양쪽 모두의 마음을 닫아걸게 만든다. 그런데 전자의 손님의 경우에는 어째서 '고맙다'는 생각을 하게 되는 것일까? 그것은 겸손하기 때문이다.

겸손은 남을 존중하고 나를 내세우지 않는 태도를 일컫는다. 그 손님은 손님으로서 자신이 지불한 돈과 자신이 '마땅히 누려야 할 서비스'를 받을 권리를 내세우기보다 상대의 노력을 존중한 것이다.

겸손은 무조건적으로 자신을 낮추고 예의를 차리고 말을 아끼는 것이 아니다. 겸손은 마음을 여는 것이다. 마음을 열고 상대방과 내가 마주한 처지와 상황과 눈에 보이는 조건들을 먼저 보지 않는 것이다. 상대방의 마음을 먼저 보면 겸손은 저절로 감사의 마음을 일으킨다. 일부러 좋은 사람으로 보이려고 겉으로 애쓰지 않아도 나를 우위에 두지 않음으로 하여 상대방에게 나는 자신에게 감사하는 마음을 갖는 좋은 사람이 되는 것이다. 이렇게 주위에 감사하는 마음을 갖다보면 감사하지 않은 일도, 감사하지 않은 사람도 없다.

일상에 감사하는 사람이 되려면
'감사합니다'라는 말을 반복해서 해라

'일상에 감사하자.'라는 다짐을 누구나 한 번쯤은 해봤을 것이다. 감사하는 마음은 심장박동을 안정된 상태로 이끌어준다. 명상의 효과와 똑같다. 그러나 명상을 제대로 하려면 마음가짐과 환경을 갖추고 올바른 명상법을 따라야 하지만 감사는 훨씬 간단하다. 그래서 감사하는 마음을 갖는 것에 '순간명상'이라고 이름을 붙일 만도 하다. 감사로 명상을 하는 구체적인 방법으로는 다음과 같은 세 가지가 있다.

첫 번째, "감사합니다."라는 말을 반복해서 한다. 언어는 기억을 재생시키는 버튼 같은 역할을 한다. "감사합니다."라는 말을 한 번씩 내뱉을 때마다 감사한 사람들의 얼굴이나 내가 가진 것들, 내게 일어났던 좋은 일들이 떠오를 것이다. 무엇이든지간에 감사할 대상이 떠오른다는 것은 좋은 일이다. 그리고 그때의 마음을 다시 불러일으켜보는 것도 기분을 좋게 만들어준다.

두 번째, "그래도 감사합니다."라는 말을 반복해서 한다. 이것은 감사한 마음이 들기가 힘든 상황에 부딪쳤을 때 쓸 수 있는 방법이다. 오른손을 심장 위에 가만히 올려놓고 손바닥의 따뜻한 온기가 피부 위로 전해지는 것을 느끼며 마치 심장에게 이야기하듯 "그래도 감사합니다."라고 속삭인다. 그러면 빨라졌던 심장박동이 점차 가라앉으며 안정을 되찾는 것이 느껴질 것이다. 그러나 이런 방법도 통하지 않을 만큼 절박한 상황이 닥칠 수도 있다. 그럴 때를 대비한 세 번째 방법이 있다.

"아이고! 감사합니다."라는 말을 반복하는 것이다. '아이고!'라는 감탄사는 매우 독특하다. 아프거나 힘들거나 원통하거나 기가 막힐 때 내는 소리이기도 하고 반갑거나 아주 좋을 때 내는 소리이기도 하며 절망하거나 탄식할 때 내는 소리이기도 하다. 전혀 정반대의 상황들에서 똑같이 쓸 수 있는 것이다. 그래서 "아이고!"는 절박한 마음을 드러내는 감탄사일 수도 있고 동시에 최고로 감사했던 순간의 기억을 떠올릴 때 자동반사적으로 튀어나오는 감탄사일 수도 있다.

나는 정말 힘든 순간이 닥칠 때마다 군복무를 할 때 자칫하면

물에 빠져 죽을 뻔했던 기억을 떠올린다. 그때 내 목숨을 구해준 선배가 있었다. 그에게 생을 빚졌던 그 순간만 생각하면 "아이고!" 소리가 절로 나오는 것이다. 그 "아이고!" 뒤에 "감사합니다!"를 붙인다. 그리고 여러 번 반복해서 소리친다. 그러면 분노나 절망으로 가득 찬 마음의 무게만으로 숨이 막혀 죽을 것 같았던 것이 조금씩 차분해지는 기분이 드는 것이다.

감사도 일종의 습관이다. 하나의 습관을 만들기 위해서는 66일 정도가 걸린다고 한다. 같은 일을 이 정도의 기간 동안 반복적으로 하다보면 그 일이 몸에 배어서 갑자기 그만두었을 때 어색함을 느끼는 상태가 된다는 것이다. 나는 감사하는 습관을 들이기 위해 매일 '오늘의 스승'이라는 항목의 날적이를 시작했다. 오늘 하루를 살며 나의 기억에 남는 사람들을 나열하고 그들로부터 무엇을 배웠고 어떤 감사를 느꼈는지를 자세하게 기입하는 것이다.

처음 시작할 때는 이름을 적을 사람도 생각나지 않고 무엇을 적어야 할지도 몰라 당황하기 일쑤였다. 그런데 하루 이틀 시간이 흐를수록 생각나는 이름이 하나둘씩 늘어나고 그 옆에 적어 넣는 것도 조금씩 늘어갔다. 그러다가 결국 어느 순간이 되자 적을 칸이 모자라 당황하는 일이 생겼다.

일단 억지로라도 무언가를 쓰기 위해서 하루의 일과를 되돌아보고 감사했던 기억을 찾아 그 순간을 곱씹다보면 그때의 감동과 감사의 마음이 새삼스럽게 느껴진다. 그리고 그것을 노트에 적어

내려가다보면 뇌에 각인효과를 일으키게 되는 것이다. 그리고 매일 매 순간마다 그냥 아무 생각 없이 흘려보내는 게 아니라 감사할 거리를 찾아내게 만든다. 어차피 그날 하루를 마무리하며 노트에 적어야 할 것이 필요하기 때문이다.

이런 습관은 인간관계에도 즉각적인 영향을 미친다. 의무적으로 '오늘의 스승'을 찾다보면 자동으로 사람들을 만날 때마다 이 사람으로부터 과연 무엇을 배울 수 있을까를 찾는 습관이 생긴다. 매일 적어야 하는 빈 칸이 나를 기다리고 있으니 뭐라도 하나 배워야 적을 거리가 있을 게 아닌가. 이렇게 시작한 일이 계속되어 습관으로 몸에 배면 내가 매일 마주치는 사람들로부터 사소한 것 하나라도 감사할 것을 찾게 된다. 만나는 사람마다 배울 점을 끊임없이 찾고 사소한 일에도 감사할 마음의 준비가 되어 있는 사람을 누가 싫어할 수 있겠는가?

시련을 성장으로 바꾸는 감동력

20년 전, 대학을 졸업하고 공군장교로 군대에 들어가기 전 나는 부모님께 땀을 흘려 번 돈으로 용돈을 드릴 수 있는 마지막 기회라는 생각에 공사장 일용직 일을 3개월 동안 하게 되었다. 소방도로 공사현장에서 무거운 자재들을 나르는 일이었다.

몸은 고됐지만 매일 꼬박꼬박 5만 원의 일당과 5천 원의 목욕비가 수중에 들어오는 재미와 나중에 대견해하실 부모님의 얼굴을 떠올리면 기쁜 마음으로 버틸 수 있었다.

그러던 중 이틀 내내 비가 내렸다. 공사장 인부에게 비오는 날은 곧 공치는 날이다. 일을 나가지 못하니 몸이 근질거렸다. 비가와도 할 수 있는 일을 찾아 인력시장 사무실을 찾았다가 한 사장님을 만났다. 그는 나에게 5층 건물 공사현장에서 외벽에 붙일 대리석을 옥상까지 나르는 일을 시켜주었다. 대리석은 크기도 무게도 어마어마해서 한 장을 나르는 것도 힘에 벅찼다. 그런데 공사현장에서 잔뼈가 굵은 인부들이 두 장씩 나르며 어찌나 눈치를 주는지 울며 겨자 먹기로 두 장씩 등에 지느라 죽을 고생을 했다. 태어나서 그렇게 힘든 일은 처음이었는데도 이틀치 보수를 합해봐야 8만 4천 원이 전부였다.

다시 소방도로 공사현장으로 복귀하려고 돈을 받으러 갔더니 계좌번호를 주면 입금을 해주겠다고 했다. 다음 날 돈이 들어오지 않은 것을 확인한 나는 공중전화로 전화를 했다. 사장님은 친절한 목소리로 "우리 직원이 깜빡한 모양이네요. 계좌번호를 다시 한 번만 불러주세요."라고 했고, 나는 또박또박 계좌번호를 불러주었다. 그렇게 두 달이 흐르고 나는 군에 입대를 했다.

자대 배치를 받고 나서 몇 달 뒤 나는 오랜만에 공중전화로 다시 그 사장님에게 전화를 걸었다. 여전히 사장님은 친절한 목소리로 "아이고, 이거 미안해서 어쩌나. 우리 직원이 아직까지 깜빡한 모양이네요. 계좌번호를 다시 한 번만 불러주세요."라고 했고, 나는 또박또박 계좌번호를 불러주었다.

　장교 숙소를 나와 구름다리를 건너면 공중전화기가 한 대 있었는데, 나는 매일같이 그 다리를 건너가서 전화를 걸곤 했다. 그때마다 나는 여분의 동전을 더 챙기고서는 구름다리를 건너는 동안 오늘은 그 사장에게 욕을 퍼부어줄지 말지 갈등을 했다. 그러나 막상 전화기를 들고 나서는 늘 변함없이 계좌번호를 불러주고 끊었다. 그때 깨달은 것이 우리에게는 '당장 내가 하고 싶은 것'과 '결국 내가 원하는 것'이 존재한다는 것이다. 당장 하고 싶은 것에 눈이 멀어 행동에 옮기고 나면 결국 원하는 것을 얻지 못하게 된다. 그 순간 내가 하고 싶은 것은 그 사장에게 그동안 묵은 감정을 다 실어 지독한 욕을 해대는 것이었고, 그렇게 되면 그는 그 이후로 내 목소리를 듣자마자 전화를 그냥 끊어버릴 게 뻔했다. 그러면 내가 결국 원하는 8만 4천 원을 받을 수 있는 기회는 영영 사라져버리고 말 것이었다. 내가 '당장 하고 싶은 것'은 호랑이의 일이고, 내가 '결국 원하는 것'은 조련사의 일이라는 것을 알게 되었다.

　그렇게 1년쯤 시간이 흐르고 저간의 사정을 다 알고 있던 친구에게서 연락이 왔다. 그 사장이 어느 대학교 앞에서 호프집을 하고 있다는 것이었다. 그래서 나는 공군장교 정복을 차려입고 그

곳을 찾아갔다. 사장은 나와 눈이 마주쳤지만 알아보지 못하고 "손님, 아직 영업 시작 전입니다."라고 했다. 그래서 나는 그에게 "제가 사장님께 8만 4천 원을 받으려고 1년 반 동안 전화로 계좌 번호를 불러드린 사람입니다."라고 자기소개를 했다. 그는 순간 얼굴색이 하얘지더니 말없이 계산대로 가서 8만 4천 원을 꺼내 내게 내밀었다. 그 돈을 받아들고 나는 그에게 힘차게 거수경례를 하며 말했다.

"감사합니다! 아마도 제 인생에서 가장 소중한 돈이 될 것 같아서 꼭 받고 싶었습니다."

당장 내가 하고 싶은 것을 좇다보면
결국 내가 원하는 것을 놓칠 수 있다

그날 나에게 가장 큰 '오늘의 스승'은 바로 이미 이름도 잊은 그 사장님이었다. 이렇게 하루의 감사한 내용들을 적다보면 의외의 것들을 발견하게 되기도 한다. 감사한 것이 꼭 나에게 일어난 좋은 일, 행복한 일에만 국한되는 것은 아니라는 것을 깨닫는 것이다. 오늘 있었던 궂은일들, 기분 상하는 일들에서도 우리는 무언가 배우고 교훈을 얻는다. 그런 깨달음을 나에게 주기 위해 신은 오늘 하루 우리에게는 좋은 일만 있는 게 아니라 나쁜 일도 일어나게 하고 나에게 도움이 되는 사람만 만나는 게 아니라 나에게 해를 입히거나 상처를 주는 사람들도 만나게 하는 것이다. 이렇게 생각하면 감사하지 않을 것이 없다. 이런 일들이 아니었다면 나는 경험에서 우러나오는 삶의 지혜를 얻을 수 없었을 것이기 때문이다.

나는 그 사장님이 아니었다면 1년간 그에게 연락을 하면서 '당장 내가 하고 싶은 것'과 '결국 내가 원하는 것'에 대해 곰곰이 생각해볼 기회를 갖지 못했을 것이다. 그리고 '당장 내가 하고 싶은 것'을 1년이 넘게 참는 인내심도 배우지 못했을 것이다. 1년이 넘게 나를 고민에서 벗어나지 못하게 만든 그를 마침내 만났을 때 원하던 돈을 받고 나서 그간 밀린 화풀이를 한껏 할 수도 있었겠지만 나에게 이런 큰 가르침을 준 그에게 어찌 감사하지 않을 수 있겠는가?

때로는 고통스러운 좌절이 큰 스승이 되기도 한다. 감사하는 연습을 계속하다보면 나쁜 사람도 좋은 사람이 되고 나쁜 일도 좋은 일이 된다. 내가 사는 세상을 내 마음대로 바꾸는 데 이보다 더 좋은 방법이 어디 있겠는가? 결국 '감사합니다'를 습관처럼 하다보면 감사할 일만 있는 세상이 된다. 내 마음대로. 적어도 나에게는 말이다.

하루 종일 우리는 내가 원하는 것과 내가 당장 하고 싶은 것 사이에서 갈등한다. 그러다 뿌듯하고 행복한 밤을 맞이했다면 당장 하고 싶은 것을 참고 결국 원하는 것을 얻었을 때일 것이다. 그렇게 조금씩 당신의 세상은 바뀌어갈 수 있다.

감동력 훈련1
-감사의 1·2·3단계

감사의 1단계 – 감사할 일에 감사하기

강연 중 사람들에게 최근에 아주 사소하게라도 감사할 일이 있었느냐고 물었다. 그러자 어떤 임산부 한 분이 망설이는 듯하다가 말했다.

"며칠 전 제가 운전을 해서 남편을 데리러 간 적이 있었어요. 남편 사무실 앞으로 가려면 제가 사거리까지 가서 유턴을 해야 했었는데, 남편이 미리 건널목을 건너서 서 있더라고요. 사소한 일이었지만 감사했어요."

그러자 나는 그녀에게 물었다.

"그래서 남편에게 감사하다는 말을 했나요?"

"음…… 아니요……. 그런 말까지 하기에는 너무 사소해서요."

이번에는 그녀의 옆에 앉아 있던 사람에게 물었다.

"만일 이분이 남편에게 '여보, 당신은 정말 배려심이 깊어. 어떻게 내 마음을 딱 알고 건너와서 기다리고 있었던 거야? 당신, 참 고마워.'라고 말을 했더라면 남편의 기분이 어땠을까요?"

"당연히 기분이 좋겠죠."

그의 대답을 듣고 나는 다시 그 사람의 옆에 앉아 있던 사람에게로 질문을 이어갔다.

"그럼 기분이 좋아진 남편은 그 이후로 어떤 행동들을 하게 될까요?"

"기분 좋은 소리를 듣기 위해서라도 아내를 위해 작은 배려를 할 만한 것들을 찾게 되겠죠."

그 옆에 앉은 사람에게는 이런 질문을 했다.

"그러면 아내는 어떨까요?"

그러자 그는 미소를 지으며 대답했다.

"너무 행복하겠죠."

나 역시 웃는 얼굴로 다시 물었다.

"행복한 엄마에 아내를 위하는 아빠라, 아주 행복한 가정이 되겠네요. 그럼 아이들은 어떨까요?"

"그런 가정에서 자라면 당연히 행복하겠죠."

질문은 계속해서 이어졌다.

"어떤 아이들로 성장하게 될까요?"

"당연히 공부도 열심히 하고 성실한 아이들이 되겠죠."

"그럼 그런 아이들이 나중에 커서 좋은 대학에 가고 좋은 직장을 얻을 확률이 높을까요, 낮을까요?"

"당연히 높겠죠."

이쯤 되면 사람들은 뭔가 깨달은 듯한 표정을 짓게 마련이다. 그러고 나서 나는 마지막 질문을 던졌다.

"그런 사람이 좋은 짝을 만나서 좋은 가정을 이루고 착한 아이들을 키울 확률이 높을까요, 낮을까요?"

행복한 삶을 꿈꾸는가? 행복의 비밀은 이렇게 아주 단순한 곳에 있다.

감사의 1단계는 감사할 일에 감사하는 것이다. 감사의 대가는 마음의 행복이다. 그 대신 감사할 일은 아주 사소한 것까지 놓쳐서는 안 된다. 이렇듯 일상적이고 작은 일에도 감사를 하면 모든 것이 행복해진다. 행복해지기 위해 남이 어떻게 행복해지는가를 열심히 연구할 필요도 없고 큰돈을 쓸 필요도 없다. 그저 감사를 생활화하기만 하면 된다.

명품 가방을 선물 받고 기쁘지 않을 사람은 없다. 그러나 그 가방을 소유하게 되었다는 행복 효과가 그렇게 오래 지속되지는 않는다. 그러나 사소한 감사가 가져오는 행복은 그보다 수백 배,

수천 배는 큰 파장을 일으킨다. 이것은 그 행복을 호랑이와 조련사 중 누가 느끼냐에 따라 달라진다.

명품 가방을 받아들고 행복에 겨워하는 것은 호랑이다. 호랑이는 늘 결핍감에 허덕이는 존재이므로 무언가 충족되는 느낌에 만족하고 기뻐한다. 이것이 '쾌락'이다. 반면 사소한 배려를 놓치지 않고 감사하는 마음은 조련사의 몫이다. 조련사의 기쁨은 행복이 되어 자기 자신뿐만 아니라 주위에까지 영향을 미친다.

사람들은 행복과 쾌락을 잘 구분 짓지 못한다. 버나드쇼는 "돈은 번 사람만이 쓸 자격이 있다. 행복도 마찬가지다. 행복도 그것을 만든 사람만이 누릴 자격이 있다."고 했다. 지금 당신이 누리고 있는 행복은 과연 당신이 만든 것인가? 즐거운 곳에 가서 즐거움을 누리며 기뻐하는 것은 이미 만들어놓은 즐거움을 소비하고 있는 것일 뿐이다. 그 행복은 당신이 만든 것이 아니라 당신에게 그냥 주어진 것이다. 그리고 이렇게 소비하면서 얻는 행복을 위해 당신은 열심히 돈을 벌고 또 즐거운 곳에 가서 즐거움을 산다. 이것은 당연한 삶이 아니다. 누구나 그렇게 산다고 해서 당신 역시 이것을 그대로 받아들여야 하는 것은 아니다.

당신이 지금까지 '행복'이라고 생각하며 누리고 있던 것은 사실 행복이 아니라 '행운'이었다. 당신이 만든 것이 아니기 때문이다. 행운은 오래가지 않는다. 그러나 행운이 사라진 후에도 당신은 행복해야 하기 때문에 우리는 스스로 행복을 만들어야 한다.

방법은 어렵지 않다. 지금이라도 마법의 주문을 외워보자.

"감사합니다."

감사의 2단계 – 평범한 일에 감사하기

친구가 자신의 아내에게 멋진 명품 스포츠카를 선물했다. 그런데 어느 날 그의 아내가 차를 몰고 가다가 사고가 났다. 차는 폐차 직전으로 망가졌지만 다행히 그의 아내는 멀쩡하게 살아남았다. 친구는 사고 이야기를 하며 이렇게 말했다.

"이건 정말 기적이라고 기적! 역시 차는 비싸고 좋은 차를 사야 돼."

그래서 나는 그에게 물었다.

"그게 기적이면 사고가 나지 않는 건 뭐지?"

친구는 잠시 말 없이 내 얼굴을 쳐다보다가 대답했다.

"그게 더 큰 기적이네."

아인슈타인은 "삶을 살아가는 데는 두 가지 방식이 있다. 하나는 모든 것이 기적인 것처럼 살아가는 방식이고, 또 하나는 아무런 기적도 일어나지 않은 것처럼 살아가는 방식이다."라고 했다. 오늘, 당신에게 아무런 특별한 일이 일어나지 않을지도 모른다. 그저 평범한 날들 중 하나에 불과할 가능성이 더 많다. 그 '평범함'

이 얼마나 감사한 것인지를 깨달아야 한다. 오늘은 어제로 생을 마감한 수많은 사람들이 그토록 열망하며 살고 싶어 했던 새로운 날이며 오늘 태어나는 생명들에게는 생을 시작하는 첫날이다. 과거와 미래가 함께 만들어지고 있는 기적의 순간인 것이다.

나는 강연에서 가끔 '위화도 회군' 이야기를 한다. 고려의 마지막 왕인 우왕과 대장군 최영의 명을 어기고 위화도에서 회군을 했던 이성계의 결정은 도덕성과 관계없이 역사를 바꾼 순간이었다. 그리고 우리는 아직도 그 영향력 아래에 살고 있다.

위화도에서 돌아선 대군처럼 지금 당신이 당신의 마음을 돌린다면 그것이 새로운 역사가 시작되는 순간이 될 수 있다. 삶의 모든 순간에 깨어 있고 평범한 일상에 감사하며 그것이 얼마나 큰 기적인지를 깨닫는 것은 위화도 회군으로 일개 장군에서 새로운 나라의 주인이 되었던 이성계처럼 자신의 삶의 주인으로서 살아가는 첫걸음을 내딛는 것이다.

감사의 3단계 – 감사할 일이 아닌 것에 감사하기

무인도에서 홀로 사는 것이 아닌 이상 수많은 관계들 속에서 살아가는 것은 누구에게나 피할 수 없는 일이다. 이 온갖 복잡다단한 인간관계 때문에 우리는 서로 화를 내고 상처를 주고받는 일이 생긴다. 그래서 도무지 감사하지 못할 일들이 수도 없이 벌어진다.

어느 날 친척 한 분이 집에 찾아왔다. 수시로 상대방을 묘하게 짜증나게 할 수 있는 재주 아닌 재주를 가진 사람이다. 그가 돌아가고 나서 아들이 아빠에게 말했다.

"아빠, 저분 좀 이상한 것 같아요."

아빠는 혹시라도 아들의 성격에 나쁜 영향이라도 미칠까 봐 차마 맞장구를 치지 못하고 대신 이렇게 물었다.

"음, 그래도 뭔가 배울 게 있지 않을까? 한 번 같이 찾아볼까?"

아들은 별로 내키지 않는 표정이었지만 아빠의 눈짓에 곰곰이 생각을 하는 듯하더니 한참 후 입을 열었다.

"어떻게 하면 사람을 짜증나게 하는지 확실하게 알려주셨죠."

"하하, 정말 그렇구나. 어떻게 하면 짜증이 날까?"

아들이 대답했다.

"상대방의 마음이 어떻든 상관없이 자기가 하고 싶은 말만 계속 하면 짜증이 나요."

"그래. 정말 좋은 걸 가르쳐줬구나. 또 무엇을 배울 수 있을까?"

아들은 이번에는 싫은 표정을 짓는 대신 바로 생각에 잠겼다.

"저런 말투로 말을 하면 안 되겠구나, 하는 것을 배웠어요."

아빠는 대번에 아들의 말에 동의를 했다.

"그렇지! 그것도 소중한 깨달음이지. 그리고 또?"

이제 아들은 신이 나서 말을 이어갔다.

"누군가와 이야기를 할 때 상대방을 내려다보거나 눈을 흘기면서 말을 하면 안 된다는 것도 배웠죠."

그 후에도 아들은 그 친척에게서 배운 것을 다섯 가지나 더 생각해냈다. 그러자 아빠는 아들에게 물었다.

"오늘 아주 훌륭한 것들을 배웠구나. 이렇게 가르침을 주는 분을 너는 뭐라고 부르지?"

"스승이요."

아빠는 미소를 지으며 말했다.

"그래. 스승이지. 그러면 오늘 너에게 이렇게 좋은 것들을 가르쳐주신 그분에게 너는 어떤 마음을 가져야 옳을까?"

"감사하는 마음이요. 그분은 참 고마운 분이에요."

그 친척의 방문으로 인해 아내는 남편에게 짜증을 내고 아이는 서로 화를 내는 부모를 보며 온 가족이 불행의 늪에 빠지기 쉬운 상황이었지만 아빠 덕분에 아들은 새로운 깨달음을 얻고 자신만의 세상을 한 단계 더 성장시켰다. 그래서 지옥에서 천국으로 가는 다리의 이름인 '생각을 바꿨더니'를 실천하는 길은 바로 도무지 감사하지 못할 일에 감사하는 것이다.

다른 사람을 보며 '저 사람은 대체 왜 저럴까?'를 아무리 고민

해도 내가 그 사람을 바꿀 수 있는 방법은 없다. 그것은 그저 나의 욕심일 뿐이다. 온갖 충고를 해주고 내가 먼저 그에게 진심을 다해도 그가 바뀌지 않는다면 오히려 내 마음만 상하고 만다. 그러니 그 사람은 그냥 내버려두고 당신을 바꾸어라. 그러면 당신이 사는 세상이 바뀐다. 그가 고집스럽게 '생긴 대로 살겠다'고 하면 앞으로 그 사람은 계속해서 당신을 단련시켜줄 것이다. 고마운 일이다.

오늘의 마음사용법

"오늘 하루 감사한 일이 어떤 게 있었지?"라는 질문에 얼른 답이 나오지 않는다면 오늘 하루 내가 만난 사람들과 나눴던 가벼운 인사를 떠올려보라.
"별일 없지?" "밥은 먹었어?" "아픈 데는 없고?"
오늘도 세상 곳곳에서 숱하게 벌어진 비극이 감사하게도 당신에게는 찾아오지 않았다.

감동력 훈련2
-제대로 보고 듣고 대화하기

훌륭한 사람이 되려면

내가 발견한 놀라운 사실 세 가지가 있다. 첫 번째는 교도소에 흉악범들이 모여앉아 텔레비전에 나온 정치인들을 보면서 손가락질을 하고 욕을 한다는 것이다. 아무리 이상한 사람도 다른 사람의 조금 이상한 것은 알아본다. 즉 모든 사람은 어떤 사람이 훌륭한 사람인지는 안다. 두 번째는 아주 이상한 사람조차 훌륭한 사람이 되고자 한다는 것이다. 세 번째는 모두가 훌륭한 사람이 되고 싶어 하기는 하지만 그 어떤 사람도 훌륭한 사람이 되기 위한 행위를 하지는 않는다는 것이다.

아인슈타인은 이렇게 말했다.

"어제보다 나은 내일을 꿈꾸면서 오늘 아무것도 하지 않는 사람은 정신병의 초기 증상을 앓고 있는 것이다."

현재를 살고 있는 우리 모두가 이 정신병의 초기 증상을 앓고 있는지도 모른다.

수많은 회원들을 거느리고 있는 큰 조직의 회장님을 만난 적이 있었다. 그는 자신의 조직에 대한 자부심이 대단했고 많은 이들에게 '훌륭한 사람'으로 칭송을 받는 인물이었다. 그런 그와 처음 만나 이야기를 나눌 기회가 있었는데 거침없는 표현과 의도를 알 수 없는 오만한 어법에 적잖이 놀랐지만 크게 동요하지는 않았다.

얼마 후 다른 사람과 만난 자리에서 그에 대한 이야기가 나왔다. 그가 나에게 왜 그에게 대항하지 않았냐고 물었다. 그래서 나는 대답했다.

"어떤 사람이 저를 집에 초대를 해놓고 더러운 화장실을 보여주었다고 해서 제가 꼭 그 사람에게 우리 집의 더러운 화장실을 보여주어야 할 필요는 없지요. 어느 집에나 더러운 화장실은 있지만 그것을 보여주는 것은 저 자신에게 부끄러운 짓입니다."

훌륭한 사람이란 어떤 사람인가? '존경받을 만한 행동을 하는 사람', '말과 행동이 일치하는 사람', '지혜로운 생각을 하는 사람'

등 사람들은 저마다 훌륭한 사람에 대한 기준을 가지고 있다.

"제가 아는 그분은 자신에게 비난과 욕설을 퍼붓는 사람들을 용서하고 그들을 위해 기도까지 하셨어요."

"그분은 자신의 재산을 털어서 어려운 사람을 돕는 데 쓰고도 절대 생색을 내는 법이 없어요."

"제가 아는 어떤 분은 자신의 잘못도 아닌 일에 대한 책임을 뒤집어쓰셨지만 억울해하지 않고 그 책임을 묵묵하게 감당해내시더라고요."

사람들의 이야기를 한데 모아보면 결국 훌륭한 사람은 '훌륭한 행동, 훌륭한 말, 훌륭한 생각'을 하는 사람'이다. 아이들에게 엄마 아빠가 어릴 적부터 귀에 못이 박히게 하는 말이 바로 '나중에 커서 훌륭한 사람이 되어라'가 아닌가. 그런데 정작 '아이들이 커서 어떤 사람이 되면 훌륭한 사람이 되는 것인가?'라고 물으면 명쾌한 답을 내놓는 이가 드물다.

'훌륭'이라는 말은 '모자람이 없다'는 중국어 '홀륜圐圙'에서 온 말이다. 그런데 요즘은 이 모자람이 없는 기준이 남 보기에 화려한 돈과 명예가 있는 삶으로 인식되고 있다. 일류 대학을 나와 판검사나 의사가 되거나 대기업에 입사를 하고 좋은 집을 사고 가족을 풍족하게 부양하는 사람이 곧 훌륭한 사람일까?

훌륭한 사람이 되고 싶다면 훌륭한 행동을 해라

다른 사람들에게 존경을 받거나 큰 성공을 거두어서 직업적으로 성공한 훌륭한 사람이 되는 것은 호랑이의 바람이다. 호랑이는 본능적으로 자신이 편하고 싶고 사랑받고 싶어 하는 욕심이 있기 때문에 그 너머의 것은 중요하지 않다. 호랑이의 삶의 목표는 이것이다. 만일 스스로 '훌륭한 사람'이 어떤 의미를 갖는 것인지, 자신이 '이렇게 되고자 하는' 모습이 어떤 것인지 명확히 찾지 않는다면 평생을 호랑이의 꿈을 좇아 사는 것이 된다.

물론 하루하루 열정을 다해 성실하게 살아갈 수 있다. 그러나 그 끝에 섰을 때 반드시 이런 의문을 품게 될 것이다.

'나는 무엇을 위해 그렇게 아등바등 살았을까?'

'과연 그렇게 열심히 살아서 내게 남은 것은 무엇일까?'

이것은 삶을 쓸데없는 데 낭비해서도 아니고 잘못된 목표를 가지고 살아서도 아니다. 그저 진정한 나를 만나본 적이 없이 없기 때문이다. 내 삶의 진정한 주인이 누구인지, 내 삶의 의미가 무엇인지를 모르고 살았기 때문이다. 그래서 지나온 삶을 되돌아봤을 때 무엇이 중요했던 것인지 스스로 갈피를 잡지 못하게 된 것이다.

훌륭한 사람이 되는 것은 '훌륭한 조련사'가 되는 것에서부터 시작한다. 진짜 훌륭한 사람이 어떤 사람인지는 스스로 찾는 것이다. '훌륭함'의 기준은 내 안에 있다. 돈이 많다고 해서, 유명하다고 해서, 사회적으로 높은 지위에 있다고 해서, 머리가 엄청나게 똑똑하다고 해서, 대중의 사랑을 받는다고 해서 '훌륭한 사람'이라고 하지는 않는다. 내가 의미를 두는 일에서 훌륭해야 한다. 그러니 결국 '훌륭한 사람'이 되는 것은 내가 중요하다고 생각하는 가치를 가진 인간이 되는 것이고 그 과정에서 내가 얼마만큼 노력을 하고 내가 얼마나 행복한가를 따져야 한다. 어른들은 아이들에게 "훌륭한 사람이 되어라."라고 하지만 그것이 어른의 기준에서 보는 '훌륭한 사람'이어서는 안 된다.

목표는 훌륭한 사람이 되는 것이지만 그 과정은 의외로 간단하다. 자신이 아는 말 중에 가장 훌륭한 말을 골라서 하고, 자신이 아는 행동 중에 가장 훌륭한 행동을 골라서 하고, 자신이 아는 생각 중에 가장 훌륭한 생각을 골라서 하면 된다. 그러다 자신이 아는 가장 훌륭한 것들보다 더 훌륭한 말과 행동과 생각을 알게 된다면 그동안 알고 있던 것들을 버리고 그것들을 선택하면 된다. 남들에게 훌륭하다는 말을 듣는 것이 아니라 내가 생각하는 가장 훌륭한 것이 무엇인지를 보여주는 것. '나다운 훌륭함'으로 빛나는 사람이 되는 것이 훌륭한 사람이 되는 것이다.

감동력을 훈련하는 것은 훌륭함에 다가가는 가장 좋은 방법이다. 누구나 훌륭한 사람이 되는 것에 도전을 해야 한다. 그렇지 않으면 분명 후회하게 될 것이기 때문이다. 삶의 끝에서 만나는 두려움은 모두 한 가지다.

"죽으면 어떻게 되는 거지?"

이 질문을 만나는 순간 당신이 무신론자이건 유신론자이건 당신의 종교가 무엇이건간에 당신이 그동안 신봉하던 가치 너머에 당신을 두렵게 만드는 경이로운 존재가 있다는 것을 인정할 수밖에 없을 것이다.

그 두려움을 조금이라도 줄이기 위해 당신은 지금부터라도 감동력을 쓰는 훈련을 해야 한다. 지금 이 순간이 아니면 늦을지도 모른다. 그리고 생의 마지막 순간에 쓰디쓴 후회를 하게 될 걸 알면서도 지금 이 순간 훌륭한 사람이 되기 위한 행동을 시작하지 않는다면 그것은 무언가 잘못된 것이 아닐 수 없다. 아인슈타인이 말한 '정신병의 초기 증상'은 그저 농담이 아니다.

작은 일에 최선을 다하기

십수 년 전의 일이다. 어느 식당의 허름한 화장실에서 볼일을 보다가 글귀 하나가 눈에 들어왔다.

"작은 일에도 최선을 다하라. 작은 일도 못하는 자가 어찌 큰일을 하겠는가?"

남들은 우스갯소리로 읽고 말 수도 있지만 나는 맥주를 한 잔

걸치고 약간 취기가 오른 상태에서 이 글귀를 읽고 그리 만만한 글이 아니라고 생각했다.

미 육군사관학교 교범에 이런 말이 있다.

"작전의 실패는 용서할 수 있어도 의전의 실패는 용서할 수 없다."

작전은 적과 싸우는 것이지만 의전은 아군끼리 하는 일이다. 아군끼리 하는 일도 제대로 못하는 군인이 어찌 적과의 싸움에서 이길 수 있겠는가?

작은 일은 자신이 할 수 있는 최선의 일이다. 그리고 큰일은 혼자의 힘으로는 할 수 없는 다른 누군가와의 협력이 필요한 일이다. 혼자 할 수 있는 일조차 제대로 추스르지 못한다면 남들과 함께 큰일을 도모할 수가 없다.

살다보면 게으르고 빈둥거리면서 남이 잘되는 것은 배가 아파 험담하는 사람들을 보게 된다. 그런데 이런 사람들 중에 무슨 천운인지 큰 부와 명예를 거머쥐게 되는 경우가 있다. 혼자 하는 작은 일조차 제대로 못하는 사람이 큰일을 해냈으니 그럼 이 말은 틀린 말이 되는 것인가? 그렇지 않다. 작은 일조차 제대로 못하는 사람이 이룬 그 어떤 것도 큰일이라고 말할 수 없기 때문이다.

세상은 '큰일'을 그 일의 규모나 성과로 판단하지만 진정한 '큰일'이란 사람들과 힘을 모아 이루는 일을 말한다. 그러니 작은 일에 최선을 다하는 자들이 모여 이루어내는 것이 '큰일'이다. 이런

'큰일'은 규모나 성과만으로 그 가치를 따지는 것이 아니다.

'한 방'에 쌓을 수 있는 높고 튼튼한 벽이란 없다

미국의 한 해병대 사령관이 연설에서 이런 말을 했다.

"만약 너희들이 세상을 바꾸고 싶다면 먼저 네 이불이나 똑바로 개어라."

자신이 할 수 있는 일들을 최선을 다해서 해야 한다. 혼자 먹고 난 그릇을 제때 씻거나 텅 빈 사거리에서 누가 보건 말건 교통신호를 지키거나 바른 자세로 길을 걷거나 카드 한 장을 쓰더라도 정성을 다하거나 사람들을 대할 때 진정을 다하는 일처럼 아무도 당신이 그것을 하는지 하지 않는지 관심도 없고 신경조차 쓰지 않고 심지어 알고 싶어 하지도 않는 소소한 것일지언정 건성으로 해서는 안 된다. 누군가는 당신을 지켜보고 있다. 그래서 당신이 '큰일'을 이룰 수 있는 자인지 아닌지를 관찰하는 이가 있다. 바로 당신의 눈을 통해 당신을 보고 있는 조련사이다.

링컨 대통령은 열아홉 살 때 어느 상점의 종업원으로 일을 했다. 하루는 밤늦게 상점 문을 닫고 수입을 정산하던 중 결산이 맞지 않는 것을 발견했다. 하나하나 곰곰이 따져보니 어떤 부인에게 3센트를 더 받은 것을 알게 되었다.

링컨은 즉시 어두운 밤에 몇 시간을 찾아 헤맨 끝에 그 부인의 집을 찾아냈고 자신의 잘못을 정중하게 사과하며 3센트를 돌려주었다. 그러자 그 부인은 감탄하며 그에게 말했다.

"이것은 금보다도 귀한 3센트로군요. 당신은 틀림없이 남들의 인정을 받게 될 거예요."

어렵고 힘든 일도 대충하려고 하면 쉽고, 쉬운 일도 잘해내려고 하면 어려운 법이다. 작은 일과 큰일을 떠나 어떤 일이든 설령 설렁하면 몸은 편하지만 배우는 것은 없다. 작은 일이라도 완벽히 하려고 시간과 노력을 들이면 비록 결과물은 작을지라도 그동안 나의 조련사는 내적인 성장과 발전을 이루게 된다. 기초가 튼튼해지는 것이다. 이렇게 작은 일들이 하나둘 쌓이다보면 시간이 흐른 뒤 능력의 차이를 만들어내게 된다.

인생은 한 방이 아니다. 한때는 그 '한 방'이 운 좋게 성공을 하더라도 기초가 약하면 결국 건물은 무너지게 되어 있다. 시작부터 화려하게 잘하려고 하면 결과가 성공적일 확률이 낮아진다. 작은 것에 정성을 다해야 한다. 세상의 어떤 일도 나에게 아무런 이득이 되지 않는 일이 없다. 모든 일이 나를 성장시키는 교과서가 될 수 있다.

작은 일이란 사실 작은 일이 아니다. 그 작은 일이 마음을 사용하는 일이기 때문이다. 작은 일, 즉 마음을 사용하는 일을 간과한 사람들은 몸만을 사용하게 된다. 그래서 마음을 사용할 기회가 없어진다. 마음을 사용하지 못하는데 몸을 제대로 사용했을 리가 없다. 그래서 몸만을 사용한 일의 결과가 잘되건 못되건 그것은 중요하지 않다. 이미 가장 중요한 부분에서 실패를 했기 때문이다. 마음을 사용했을 때 그 결과가 잘되건 못되건 그것 역시 중요하지 않다. 이미 가장 중요한 일이 잘됐기 때문이다.

작은 일은 자신이 스스로의 힘으로 할 수 있는 일이다. 그리고 작은 일이 잘 되었을 때 비로소 큰일도 잘 될 수 있다. 사람들은 중요한 일은 따로 있다고 생각한다. 그러나 가장 중요한 일은 당신이 지금 하고 있는 일이다. 지금 청소를 하고 있다면 당신에게 가장 중요한 일은 청소를 말끔하게 하는 것이다. 지금 세수를 하고 있다면 꼼꼼하게 세수를 마치는 것이 가장 중요하다. 그동안에 당신은 당신의 마음을 사용하고 있기 때문이다. 당신이 필요하다고 생각하는 일을 마음을 다해 하고 있는 지금 이 순간만이 당신이 마음을 사용할 수 있는 유일한 순간이기도 하다.

제대로 듣는 능력 키우기

집에 들어오자마자 아내가 화를 내면 남편은 아내가 또 바가지를 긁는다고 생각한다. 자신은 밖에서 힘들게 일하고 왔는데 집에서 살림만 하고 있으면서 왜 저렇게 맨날 화를 내는 걸까, 이해가 되지 않으면서 화가 치밀어 오른다. 과연 아내는 남편에게 진정으로 화를 내고 있는 것일까? 아내의 마음은 지금 이렇게 말하고 있다.

"여보, 나 지금 당신의 사랑이 필요해요."

아침부터 사춘기의 자녀가 말도 안 되는 일에 짜증을 부리고 있다. 그래서 당신도 짜증이 난다. "아직 사춘기 졸업할 때가 안 됐니?"라며 버럭 화를 낸다. 그러자 딸은 울면서 방으로 들어가버린다. 이제는 학교도 가지 않겠다고 버티는 바람에 아내마저 화가 났다. 딸 하나 달래지 못하고 아침부터 이 난리를 내느냐며 타박을 한다. 그러자 당신도 화를 참지 못하고 "학교 가기 싫으면 가지 말라고 해!"라고 소리를 지르고 등 뒤로 현관문을 부서져라 닫는다. 그런 마음으로 출근을 한 당신. 어떤 하루를 보내게 될까? 과연 딸이 원하는 건 학교에 가지 않는 것이었을까? 딸은 짜증을 내며 이렇게 말하고 있었다.

"아빠, 저 사랑이 부족해요."

직장에서 업무 발표를 하는 자리가 있었는데 다른 사람들은 아무런 토를 달지 않고 잘 들어준 반면 지적을 하는 데는 둘째가라면 서러운 상사 한 명이 또 트집을 잡고 나선다.

"김 과장, 자네는 말투가 별로야. 말투를 좀 바꿔보는 게 어때?"

그 순간 당신은 기분이 확 상한다. 속으로 '업무 발표랑 말투가 무슨 상관이람. 아니 내 말투가 뭐가 어때서? 자기 말투는 뭐 좋은 줄 아나?'라고 투덜거린다. 이런 생각을 하며 그 상사를 대하는데 좋은 표정이 나올 수가 없다. 그래서 당신은 그 상사와 매번 크고 작은 마찰을 빚으며 그는 당신에게, 그리고 당신은 그에게 비판과 비난을 해댄다. 그 업무 발표 자리에서 그가 당신에게 한 말이 정말로 당신의 말투에 문제가 있어서 그랬던 것일까? 사실 그는 그 사소한 지적으로 이렇게 말하고 있었다.

"나는 남의 좋은 점을 그대로 보지 못하고 뭐라도 하나는 토를 달아야 하는 옹졸한 인간일세. 그러니 나처럼 하지 말고 좀 다르게 해보시게."

어느 날 직장에서 벌어진 일 때문에 당신은 억울한 비난을 당하게 됐다. 그 일은 당신의 책임도 아닌 일이었다. 사정을 아는 사람들은 침묵으로 위로를 하는 반면 동료 하나가 당신에게 다가와 "그러니까 그때 좀 잘하지 그랬어."라고 하는 게 아닌가. 당신은 화가 났다. 그 동료는 방관자였다. 그 일이 당신의 책임이 아니라는 건 너무나 분명했기 때문이다. 분노가 쌓여서 잠도 오지 않았다. 애써 마음을 가라앉히고 나서 그는 그의 말을 곰곰이 다시 해석해보았다. 그의 말은 사실 이런 뜻이었던 것이다.

"네가 세상의 주인이잖아. 그러니까 네가 책임자가 맞지. 난 그냥 주변인에 불과해. 그러니 너는 주인공의 삶을 살아봐."

우리는 다른 사람들의 말을 듣는 순간 그 말을 곧이곧대로 듣는 데 익숙하다. 그 말 너머에 있는 또 다른 말을 듣는 것은 아직 생소하다. 나이 예순을 가리켜 '이순'이라고 한다. 귀에 걸림이 없다는 뜻이다. 진짜 '이순'은 감동력으로 듣는 것이다. 감동력으로 남의 말을 들으면 그들의 부족함을 볼 수 있다. 그들의 말 속에 그 부족함이 드러나 있다. 가장 절대적으로 부족한 것은 사랑이다. 그리고 다른 말로 그 부족한 사랑에 대한 갈구를 표현한다. 저마다 자신들의 세상에서 자신이 주인이라는 사실을 망각하고 타인에게 사랑을 의존하고 있기 때문이다.

당신을 칭찬하는 소리도 감동력으로 들으면 겸손하라는 충고에 지나지 않는다. 따라서 감동력으로 말 너머에 있는 말을 헤아리다보면 타인의 칭찬이나 비난에 일희일비하며 휘둘리지 않게 된다. 감동력은 다른 이들의 부족함을 들여다보게 하고 새로운 '말'을 듣는 법을 알려준다.

'겸손'을 통해 자라는 감동력

사람들에게 '감동'을 느꼈을 때가 언제인지를 물어보면 대단한 감동을 받았던 순간도 있지만 일상 속에서 소소하게 일어나는 일에서 감동을 받았던 적이 훨씬 더 많다. 언뜻 듣기에는 별 대단한 일도 아닌데 당사자에게는 '감동'으로 다가온 것이다. 이들의 이야기를 들으며 나는 '없다고 하면 있고, 있다고 하면 없어지는 것'에 대한 생각을 하게 되었다.

강의를 하다 말고 나는 사람들에게 이렇게 말했다.

"저는 참 겸손한 것 같아요. 아무리 주변을 둘러봐도 저만큼 겸손한 사람은 없단 말이죠."

그러자 사람들은 민망한 표정으로 소리죽여 웃었다.

"왜요? 제가 겸손한 것 같지 않나요?"

사람들은 고개를 내저었다. 만일 내가 "전 참 겸손하지 못한 사람입니다."라고 고해하듯 말했더라면 사람들은 나를 겸손한 사람으로 봐주었을 것이다. 이렇듯 겸손은 없다고 하면 있고 있다고 하면 없어지는 것이다. 감동력을 가지고 있는 사람들이 공통으로 가지고 있는 것이 바로 이 겸손이다.

내가 아는 어느 장군의 방에 '자용즉사'라는 말이 붙어 있었다. '자신의 용맹을 아는 순간 죽는다.'라는 뜻이다. 홍수가 났을 때 말이 소보다 훨씬 수영을 잘함에도 불구하고 말은 죽고 소는 산다는 옛날이야기와 상통하는 말이다. 말은 자신이 수영을 잘한다는 것을 스스로 알기에 물살을 거슬러 나가기 위해 애를 쓰다가 체력이 다해서 죽고, 수영을 못하는 소는 그냥 떠내려가다가 물살이 조금 잦아드는 곳을 찾아 살아남는다는 것이다.

'자신의 용맹'은 자신이 가진 것 중 하나이다. 내가 가진 것은 돈이나 권력, 혹은 남다른 재능이 될 수도 있다. 그것을 겉으로 드러내어 뽐내는 순간 빛이 바래진다. 자신이 가진 것보다 자신이 갖지 못한 것, 부족한 것을 알아야 스스로 성장의 가능성을 갖게 된다.

이 세상에 완벽한 사람은 없다. 사람으로 태어난 이상 어딘가 부족한 부분은 있게 마련이다. 교만은 자신의 부족한 부분을 보지 못하게 눈을 가리지만 겸손은 그 부족한 부분을 채우기 위해 노력하게 만들기에 우리를 더 나은 사람으로 만들어준다.

노자는 '진짜 맑고 깨끗한 것은 때 묻은 것처럼 보이고 정말로 충실한 덕은 부족한 것처럼 보이는 법'이라고 했다. 겸손은 자신을 낮추는 것이다. 그러나 그것은 자신이 진정 남보다 못하고 부족한 존재라서 남들 앞에서 고개를 숙이는 것이 아니라 자신에게 여전히 부족한 부분이 있음을 자각하는 것이다. 남들의 머리 위를 내려다보려고만 해서는 그들의 마음을 읽기는커녕 표정조차 알 수가 없다. 그곳에는 오로지 나만이 존재하기 때문이다.

겸손은 진정한 자신감에서부터 나오는 것이다

한 선비가 과거시험을 보러 한양에 가고 있었다. 인근에서도 똑똑하기로 소문이 자자했던 그는 자신의 학식에 대한 자부심이 하늘을 찔러 장원급제를 자신하고 다닐 정도였다. 마침 나룻배를 타고 강을 건너던 중에 그는 노를 젓는 뱃사공에게 자랑하듯 말을 걸었다.

"이보게 사공. 자네는 『논어』를 읽어보았는가?"

사공은 선비를 쳐다보며 대답했다.

"『논어』요? 소인 같은 놈이 『논어』를 읽어 어디에 쓰겠습니까?"

사공의 대답에 선비는 혀를 끌끌 차며 말했다.

"허허, 사람으로 태어나 『논어』를 모르다니. 자네는 몸만 살아 있지 정신은 죽은 것이나 다름이 없는 것이네."

그 순간 갑자기 세찬 바람이 몰아쳐 물결이 거세게 일자 배가 크게 휘청거렸다. 그러자 사공이 선비를 향해 물었다.

"선비님, 혹시 헤엄을 치실 줄 아십니까?"

배가 뒤집힐까 봐 사색이 된 선비는 덜덜 떨며 대답했다.

"이 사람 참. 글공부하는 선비가 헤엄을 배울 틈이 있겠는가?"

그 말에 사공은 피식 웃으며 선비에게 목소리를 높여 말했다.

"그러면 혹시라도 물살에 이 배가 뒤집히면 선비님은 정신만 살아 있고 몸은 죽은 것이나 다름이 없겠습니다."

다행히 배는 무사히 강 건너편에 도착했지만 큰 깨달음을 얻은 선비는 학문보다 부족한 인격을 더 쌓은 후 과거시험을 보겠다며 다시 고향으로 돌아갔다.

겸손이 자신보다 높은 사람에게 머리를 조아리는 것이라면 세상에 겸손하지 않은 사람이 누가 있겠는가? 우리가 진정한 겸손이라고 부르는 것은 사회적 약자에게 기꺼이 굽히는 모습을 보일 때이다. 다른 이의 부족함을 알고 감싸며 자신의 부족함을 알고 인정하는 것은 그 어떤 용기보다 큰 용기를 필요로 한다. 겸손은 자신감이 부족해서가 아니라 넘치는 자신감에서 온다. 겸손한 이는 자신이 모자란 존재가 아니라 언제든 채워지는 존재라는 것을 알기에 부족함을 인정하고 낮은 자세를 취할 줄 안다. 그러니 교만하여 남들의 수군거림을 부를 일이 없고 자만하다 스스로를 다치게 할 일도 없다.

겸손은 또한 여유이기도 하다. 누군가의 부족함을 용서할 수 있는 여유, 그리고 결국은 자기 자신의 부족함을 용서할 수 있는 여유다. 이런 겸손한 자세에서부터 감동력이 나온다. 자신을 낮추어야 상대가 보이고 눈높이를 맞추고 마음을 들여다볼 수 있기 때문이다.

겸손한 자는 세상을 이끌어가는 데 관심이 없다. 자기 자신을 제대로 이끌어가는 것이 보다 큰 숙제다. 그러나 결국 자신을 제대로 이끌 수 있는 자가 세상을 이끄는 법이다. 이것이 훌륭한 지도자의 자질로 겸손을 꼽는 이유다.

겸손은 자신의 호랑이가 조련사를 대하는 마음가짐이다. 겸손은 남에게 갖는 마음이 아니므로 큰 자부심을 근간으로 하고 있으며 흔들림 없는 무게중심을 갖추고 있다. 이것이 당신이 지금 표현하고 있는 겸손이 아니라면 그것은 겸손을 가장한 태도로 남을 속이고 있는 것에 불과하다.

오늘의 마음사용법

당신은 불행한 이야기에 가슴이 두근거리고 행복한 이야기에 흥분한다. 들리는 대로 듣기 때문이다.
바다 위에 아무리 거센 폭풍우가 몰아쳐도 깊은 바다 속까지 휘젓지 못하는 것처럼 감동력으로 말 너머에 있는 말을 들을 수 있게 되면 당신 마음속의 평온은 흔들리지 않는다.

감동력 훈련으로 생기는
새로운 능력

제대로 말하는 능력

'일일불독서 구중생형극─日不讀書 口中生荊棘'이라는 말이 있다. 하루라
도 책을 읽지 않으면 입에 가시가 돋는다는 안중근 의사의 유명
한 말이다. 독서는 매우 흥미로운 유형의 소통 방법이다. 대화나
설득은 비판의식을 가지고 나름의 반박논리를 펼칠 태세를 갖춘
채 임하게 되어 있지만 책을 읽는 일은 다르다. 책이 나에게 일방
통행을 하는 셈이다. 책이 나에게 하는 이야기들을 비판 없이 받
아들일 뿐만 아니라 책을 읽는 동안 마음이 차분해지고 감동을
느낀다. 감동력의 극치인 것이다. 그러니 하루라도 책을 읽지 않
으면 입에 가시가 돋는다는 말은 하루라도 책읽기를 거르면 입에

가시가 돋은 것처럼 마음이 거칠어진다는 말로 해석할 수도 있을 것이다.

사람들과의 관계야말로 우리가 하루도 거르고 지나갈 수 없는 일 중의 하나이다. 그러나 오늘 하루 다른 사람들과 말 한마디 하지 않고 지나간다고 해서 마음이 거칠어지지는 않는다. 오히려 혼자라서 더 편안한 마음이 들기도 한다. 책은 일방적으로 내가 읽고 싶을 때 펼쳐서 읽고 그러다 덮고 나면 그만이지만 인간관계는 그럴 수가 없다. 일단 사람과 얽히면 소통을 해야 하고 이 소통이 뜻대로 되지 않으면 온갖 갈등의 시발점이 된다.

사람과 사람 사이를 이어주는 가장 일반적인 소통의 통로는 언어이다. 언어 역시 인간만이 가지고 있는 소통의 수단이며 인간을 인간으로 규정 짓는 중요한 속성이다. 언어는 서로에 대해 알고 이해할 수 있는 훌륭한 매개체이지만 동시에 뚜렷한 한계를 가지고 있다. 예를 들어서 "나는 지금 슬퍼."라고 자신의 감정을 표현한다고 해도 그 말을 받아들이는 입장에서는 '슬프다'는 감정의 기준이 말에 들어가 있지 않으므로 각기 달리 해석을 할 수 있는 것이다. 따라서 언어를 매개로 한 소통은 매우 주관적이 될 수밖에 없다.

제대로 알아들으면, 제대로 말하게 된다

달리기를 하고 지쳐서 집에 돌아온 동생이 형에게 잔뜩 찌푸린 얼굴로 "물 좀 줘."라고 했다. 그러자 형은 화가 난 얼굴로 동생에게 꿀밤을 먹이며 "건방진 자식, 네가 떠다 먹어."라고 소리를 질렀다.

동생이 전달하고자 했던 의도는 순수하게 '목이 마르니 물을 좀 달라'는 것이었다. 그러나 "물 좀 줘."라고 말했을 때의 어투와 얼굴 표정으로 단순한 말의 의미는 제대로 전달되지 않았다. 언어는 느낌을 제대로 전달하기 위해 많은 기술이 필요하다. 표정과 눈빛, 분위기, 말의 뉘앙스 등 여러 가지 비언어적 요소들이 소통에 지대한 영향을 미친다. 게다가 아무리 내가 좋은 의도를 가지고 좋은 의미를 전달하고자 해도 그것을 받아들이는 사람이 제대로 받아들이지 않으면 아무런 소용이 없다.

감동력으로 제대로 듣는 능력을 키웠다면 말 너머의 말이 들리게 된다. 그러면 우리는 다른 이야기를 할 수 있도록 입을 사용하게 될 것이다. 나의 화를 돋우고 짜증이 나게 만드는 사람에게 이렇게 말할 수 있을 것이다. "내가 사랑이 부족했던 것 같아. 내가 어떻게 해주면 너에게 위로가 될까?" 아니면 그 사람과의 관계에 따라 "제가 어떻게 하면 마음이 좀 편안해지실까요?"라고 할 수도 있다. 당신을 비판하는 사람에게는 진심으로 "덕분에 참 좋은 것을 배우게 되었습니다. 감사합니다."라고 하고, 당신에게 책임을 전가하려는 사람에게는 "내 책임이라고 생각하니 한결 마음이 편해지네요. 제가 그때 그렇게 하지 못한 것이 후회가 됩니다. 앞으로는 이런 일이 일어나지 않도록 더 분발하겠습니다. 감사합니다."라고 말하게 될 것이다.

우리는 수많은 인간관계 속에서 살아가지만 대부분은 호랑이의 습성을 따른다. 호랑이는 거울의 존재를 알지 못하므로 남의 거울에 비친 상을 보며 울고 웃는 것이다. 그러나 감동력을 훈련하면 자신과 소통을 하게 되고 세상이 달라지는 경험을 하게 된다. 이같은 변화는 호랑이들의 세계 속에서 당신의 언어로써 증명될 것이다.

제대로 보는 능력

감동력이 훈련되면 제대로 보는 능력이 생긴다. 흔한 속담 중에 '공든 탑이 무너지랴?'가 있다. 과연 공든 탑은 결코 무너질 일이 없을까? 아니다. 공든 탑도 실상 자주 무너진다.

수십 년 동안 수행을 해온 구도자나 종교인들의 삶이 한순간에 나락으로 떨어질 때가 있고 오랜 세월 훌륭한 명성을 쌓아온 사회 인사들의 삶이 어느 순간 지탄을 받을 때가 있고 공들여 쌓은 재산을 하루아침에 날리는 사람도 있다. 이런 일이 과연 현재에만 있는 일이겠는가? 이 속담이 생겨났을 그 시절에는 공든 탑이 무너지는 일이 드문 일이었을까? 그럴 리 없다. 개국공신이 반역자가 되기도 하고 거상이 어느 날 알거지가 되는 일이 왜 없었겠는가? 그런데도 이런 속담이 생겨났다면 이 말에는 뭔가 다른 의미가 숨어 있는 것이 틀림없다.

'공든 탑'이라는 말을 먼저 살펴보면 '공'이라는 말이 눈에 띈다. 공은 마음으로 쌓는 것이다. 그런데 눈에 보이지 않는 이 공이 탑을 만들어내고, 그 탑이 무너진다고 한다. 그러나 마음에 쌓은 공은 눈에 보이는 탑과 함께 무너질 수도 있고 무너지지 않을 수도 있다.

평생 피땀 흘려 일군 재산을 어느 날 송두리째 날려버렸다면 사람들은 망연자실할 것이다. 그러나 눈에 보이는 돈은 사라졌지만 그 재산을 일구는 동안 내 마음에 쌓인 성실함이나 절약 정신과 같은 공은 사라지지 않을 것이다. 그러나 만일 돈을 잃고 나서 절망한 나머지 술로 세월을 보내며 방탕한 생활을 한다면 마음에 쌓은 공마저 잃게 될 수도 있다. 그러니 '공든 탑이 무너진다'는 속담은 마음을 제대로 사용할 줄 모르는 사람에 대한 경고이다. 탑은 언제든지 무너질 수 있지만 마음에 쌓은 공까지 같이 무너뜨리지는 말라는 말이다.

내 마음에 상처를 낼 수 있는 것은 나 자신뿐이다

눈에 보이는 것이 무너지는 것은 나의 의지와 상관없이 일어날 수 있다. 아무리 정성을 다했어도 세상 풍파를 겪다보면 실수와 실패를 피해갈 수 없다. 그러나 마음이 무너지는 것은 다른 문제이다. 마음은 그 주인인 나의 허락이 없이는 결코 작은 생채기 하나도 날 수 없다. 내 마음이 상처를 입는 것은 다른 누군가에 의해서가 아니라 내가 그 상처를 받아들였기 때문이다. 바로 내가 내 손으로 무너뜨리는 것이다.

남학생들과 여학생들을 나란히 앉혀놓고 성교육을 하는 것은 어렵다. 남학생들에게는 절대로 그러면 안 된다고 가르쳐야 하고 여학생들에게는 혹시 나쁜 일을 당하더라도 잘 떨쳐버리라고 가르쳐야 하기 때문이다. 그러나 여기에는 보다 간단한 방법이 있다. 몸보다 마음을 먼저 보라고 가르치면 되는 것이다.

남학생들에게는 의도적으로 다른 사람의 몸에 상처를 내는 일이 얼마나 잘못된 일인지를 알려줘야 한다. 그리고 피해를 입은 여학생의 경우에는 눈에 보이는 것을 잃을 수는 있지만 눈에 보이지 않는 것은 결코 잃을 수 없다는 것을 알려줘야 한다. 몸에 상처를 입었다고 해서 마음까지 상처를 입은 것은 아니다. 내가 받아들일 때만 마음에 상처 자국이 생긴다. 그러니 마음의 상처를 극복하려하지 말고 처음부터 상처를 거부하면 된다. 원래 마음은 거울과 같아서 상처를 받는 것이 아니라 그저 지저분한 얼룩이 끼는 것일 뿐이다. 그러니 그 얼룩이 어디에 생겼는지를 잘 들여다보고 닦아 내어라. 공들여 닦는 마음은 결코 무너지지 않는다.

보이지 않는 것을 볼 수 있는 능력, 그것이 제대로 보는 능력이다. 이 제대로 보는 능력은 다른 사람이나 어떤 상황을 보는 데만 해당되는 것이 아니라 글을 읽는 것에도 적용이 된다. 조련사의 눈에는 세상 그 어떤 것도 보석처럼 빛나기 때문이다. 어떤 나쁜 이야기도 그에게는 현자의 명언이 될 수 있으며 성현의 글도 그 성현보다 더 훌륭한 해석으로 이해할 수 있다. 자신의 것을 자신의 것이라 주장하지 않아도 결국 모두 자신의 것이라는 것을 그는 안다. 그의 세상에서 그가 주인이기 때문이다.

시련도 기쁨도 똑같이 귀한 것이다

시긍력이란 시련을 긍정적으로 바라보는 능력을 말한다. '사력을 다해 걷고 있는데도 숨이 차지 않는다면 당신은 내리막길을 걷고 있는 것이다.'라는 말이 있다. 목표를 향해 나아가는 과정에서 장애물을 만나기 마련이다. 가만히 앉아서 땀 한 방울, 눈물 한 방울 흘리지 않고 원하는 것을 얻는 일이란 일어나지 않는다. 어떤 식으로든 대가를 치러야 한다. 그리고 그렇게 어려운 대가를 치르는 것은 나를 이롭게 하는 것이 목적이다. 그 누구도 돈을 주고 일부러 썩은 빵을 사지는 않는다. 그런 바보가 과연 세상천지에 있을까 싶지만 의외로 세상에 그런 바보들은 널려 있다.

두 사람이 돈을 내고 강의를 들으러 갔다. 강의는 누가 들어도 재미가 없고 준비도 제대로 되어 있지 않은 엉터리였다. A는 시종일관 하품을 하고 낙서를 하며 시간을 보낸 반면 B는 뭐 그리 적을 게 많은지 강의 내내 열심히 펜을 놀리고 있었다. 강의가 끝나고 나서 A가 B에게 말했다.

"이 강의, 정말 엉망이지 않아?"

B가 대답했다.

"응. 진짜 실망이야. 어떻게 강의를 하면 사람들이 지루해하는지 한 수 배웠지 뭐야. 그래서 나는 앞으로 혹시라도 강의를 할 기회가 생기면 절대로 이렇게 하면 안 되겠다고 느낀 점들을 다 적어놨지. 여러모로 쓸모가 있을 것 같아."

A와 B는 똑같은 돈을 투자하고 똑같이 형편없는 강의를 들었다. 그 결과 A에게 남은 것은 불평과 불만뿐이었다. 다시 말해서 돈을 주고 썩은 빵을 산 것과 마찬가지다. 돈이나 시간, 노동력을 투자해서 무언가를 얻을 때에는 그만한 가치가 있어야 하는데 기껏 돈을 주고 얻은 것이 썩은 빵이라면 그야말로 '바보짓'을 한 것이다. 바보가 되지 않기 위해서는 대가를 지불하고 얻은 것이 나

에게 이득이 되는 것이라야 한다.

잠자리에 들면서 하루를 되돌아볼 때 '오늘은 정말 재수 없고 기분 나쁜 날이었어……'라고 생각한다면 그것은 결코 되돌아올 수 없는 소중한 하루를 '썩은 빵'으로 만드는 것이다. 스스로 바보가 되는 길을 선택하는 것이다. 그 대신 하루 동안 있었던 일들이 즐거웠으면 즐거웠던 대로, 뜻하지 않은 실수를 저질렀으면 실수를 한 대로 나름 그만한 의미가 있었다고 생각하는 능력이 바로 감동력이 주는 부가적인 능력인 시긍력이다.

넘어졌다가 다시 일어난 흉터는
꿈을 이룬 삶의 훈장이다

인생은 매 순간이 선택의 연속이다. 갈림길은 늘 두 가지. 이것 아니면 저것, 하거나 하지 않는 것이다. 선택을 하는 순간에 우리는 백 번을 망설인다. 결과를 알 수 없기 때문이다. 그래서 '좋은 선택'을 하기 위해서 엄청나게 머리를 쓰고 밤잠을 설치며 고민을 한다. 그런데 그 '좋은 선택'은 당장 판가름이 나지 않는다. 좋은 '선택'이란 좋은 '결과'를 가져다주는 것이기 때문이다.

그러나 '좋은' 선택이든 '나쁜' 선택이든 모두 괜찮다. 조련사에게는 어느 쪽이든 그것을 좋고 나쁜 것으로 나누는 것은 아무런 의미가 없다. 만일 나쁜 선택을 하더라도 그 과정에서 조련사는 좋은 경험을 하게 될 것이기 때문이다. 그러니 나쁜 선택으로 인해 시련을 겪더라도 결과적으로 이것은 '좋은 일'이 된다. 조련사에게는 언제나 '좋은 결과'만이 있을 뿐이다. 그 선택이 좋은 것이었든 나쁜 것이었든 똑같다. 그래서 우리는 나쁜 결과 앞에서 불행과 절망에 몸부림치며 울부짖는 호랑이로 살 것이 아니라 그 과정에서 얻은 경험들을 가슴에 품고 시련 앞에서 다시 일어설 수 있는 조련사로 살아야 하는 것이다.

호랑이의 선택은 선택 전에 그것이 좋은 결과를 가져올지 나쁜 결과를 가져올지 알 수 없다. 그래서 조련사는 선택이 아니라 오로지 경험에만 방점을 둔다.

어느 날 밤늦게 택시를 잡으려고 애를 썼지만 택시 세 대를 그냥 보내야 했다. 나의 목적지가 택시기사들이 그리 좋아하는 코스가 아닌 탓이었다. 거리도 가까운 데다 다른 손님을 태우고 나올 가능성이 별로 없었다. 그러다 겨우 택시를 타고 나니 택시기사에게 너무나 감사한 마음이 들지 않을 수 없었다.

"다른 택시기사들은 모두 그냥 가시던데 기사님은 왜 저를 태워주셨나요?"

그러자 그가 말했다.

"아이고, 제가 택시기사만 이제 30년쨌데 세상에서 제일 어려운 게 돈 되는 손님과 돈 안 되는 손님을 구분하는 거랍니다. 어떤 때는 돈 좀 되겠다고 생각하고 잔뜩 기대했더니 손님이 돈도 안 내고 도망을 가지를 않나, 어떤 때는 정말 가기 싫은 코스였는데 막상 손님을 내려주고 나니 마치 기다렸다는 듯이 장거리 손님이 바로 타시기도 하더라고요."

그러다 그는 목소리를 낮추며 말을 덧붙였다.

"그런데 그러다가 제가 돈 되는 손님을 절대로 놓치지 않는 법을 하나 터득했죠."

나는 궁금해서 그를 재촉했다. 그러자 그는 빙그레 웃으며 말했다.

"가리지 말고 다 태우면 됩니다."

우리는 함께 웃음을 터트렸다. 나는 3천9백 원이 나온 택시비에 만 원을 드리며 나머지는 교육비라고 했다. 그는 손사래를 치며 거부했지만 나는 극구 만 원을 던지듯 택시 안에 두고 내렸다.

조련사는 어떤 상황이 오건 어떤 손님이 닥치건 상관이 없다. 아무래도 그는 괜찮을 것이다. 그 어떤 것도 자신에게 이롭게 만드는 능력이 그에게 있기 때문이다.

이렇듯 시궁력에서 가장 중요한 것은 시련을 보는 관점, 즉 자세이다. 시련은 신께서 미래를 보지 못하는 우매한 인간을 위해 만들어놓은 울퉁불퉁한 자갈길과 같은 것이다. 이를 통해 우리는 험한 길을 포기하지 않고 가는 법을 배우며 성장을 하고 목표에 보다 집중하고 열의를 새롭게 다지게 된다. 위대한 꿈은 쉽게 달성되면 재미가 없다. 시련은 통과의례와 같은 것이어서 시련이 찾아온다는 것은 그만큼 꿈에 가까이 다가갔다는 의미이다.

그리고 시련은 '자격증'을 준다. 시련을 통과한 자만이 꿈을 이룰 자격을 갖추는 것이다. 원대한 꿈이란 평생을 두고 쫓는 것이다. 그 꿈을 잊지 않고 내가 그 안에 머물기 위해서는 마치 권투 챔피언이 매번 방어전을 치르는 것처럼 꿈을 유지하기 위한 방어전을 치러야 한다. 그 방어전을 치를 수 있는 자격과 실력을 갖추기 위해 찾아오는 것이 바로 시련이다. 그러니 시련을 마다할 이유가 없다.

시련을 보는 관점이 바뀌면 시련은 더 이상 '되도록이면 피하고 싶은 것'이 아니라 '당당히 마주해야 할 것'이 된다. 그래서 시긍력이란 시련을 극복하는 능력이라기보다 시련을 긍정적으로 바라보게 하는 긍정적인 마음인 것이다. 시련을 극복의 대상이 아니라 꿈을 이루기 위해 꼭 거쳐야 할 관문이자 그만한 자격을 가진 자가 되기 위한 기회로 보는 관점의 변화, 그것이 바로 시긍력이다.

진짜 대화하는 능력

한 직원이 직장에서 고객 만족 교육을 받게 되었다. 입에 자연스러운 미소를 띠는 법을 가르치던 강사는 "끝이 '이'로 끝나는 말을 하면 가장 자연스럽게 미소가 지어진다."고 하며 '미나리', '수세미', '개나리' 등을 발음해보게 했다. 이 직원은 집에서도 열심히 '이'자로 끝나는 단어들을 반복하며 최대한 예쁘고 자연스러운 미소를 짓는 연습을 했다.

그러던 어느 날 평소에 자신과 사이가 별로 좋지 않은 부장을 우연히 마주치게 되었다. 속으로는 '이'로 끝나는 욕을 했지만 얼굴은 미소가 지어지며 인사를 건넸다. 평소에 자신을 별로 좋아하지 않는 것으로 알고 있던 직원이 미소를 보내자 부장은 의아하게 생각했다. 그렇지만 몇 번 더 마주치며 계속해서 미소 띤 인사를 받게 되자 그는 그 직원에게 점심을 함께 하자고 청했다.

그 직원은 별로 마음이 내키지는 않았지만 상사의 청이라 거절하지 못하고 함께 점심을 먹게 되었다. 그렇게 같이 식사를 하는 동안 직원은 그 부장이 주위에서 들은 것만큼 그렇게 악한 사람은 아니라는 것을 알게 되었다. 그리고 그간 남의 말만 듣고 그 부장을 미워했던 것이 미안해졌다. 그 후로 두 사람은 가까운 사이가 되었다.

마음이 바뀐 것도 아니고 그냥 표정만 바뀌었을 뿐인데 관계가 긍정적으로 변한다면 마음까지 바뀌었을 때의 효과는 두말할 나위가 없을 것이다. 상대방의 긍정적인 점을 찾아내고 칭찬하고 감동을 받고 배우려고 노력하는 이와 친하게 지내고 싶지 않은 사람이 있을까?

옛날 코미디 프로그램에서 코미디언들이 큰 웃음을 주곤 했던 장면이 있다. 주인장이 45도로 몸을 숙여 인사를 하면 손님이 55도로 몸을 숙이고, 주인장이 다시 70도로 몸을 숙이면 손님은 90도로 몸을 숙인다. 이런 식으로 계속해서 서로 몸을 낮추다 급기야 바닥에 엎드려 맞절을 하는 것이었다. 이것이 바로 감동력이 작동하는 방식이다. 인간은 누구나 존중을 받으면 자신을 존중해준 상대방을 더 존중해주려고 하는 마음이 자연스럽게 생겨난다. 감동력은 소통을 통해 사람들 사이를 왔다 갔다 할수록 '더하기'의 효과를 낸다.

수학에서 분수를 더하고 뺄 때 분모가 같은 수가 아니면 불가능하다. 이것을 '통분'이라고 한다. 사람들도 저마다 분모가 다르다. 분모가 같은 사람들끼리 만나면 척척 말이 잘 통하겠지만 그런 사람을 만나는 것이 쉽지는 않다. 대부분 분모가 다른 사람들은 대화의 물꼬를 트고 소통을 원활하게 하기 위해서 '통분'의 과정을 거쳐야 한다. 이런 통분은 보통 필요에 의해 이루어진다.

상대방과 눈높이를 맞추려면
감동력이 필요하다

보통은 소통이 필요한 을이 갑에게 분모를 맞추려고 노력을 한다. 그러나 통분이 바로 이루어지는 것은 아니다. 인간관계에서 통분은 상호하는 것이다. 상대방이 응하지 않으면 완전한 통분은 불가능하다. 결국 을은 갑이 통분에 응하도록 만들어야 한다. 이때 중요한 것이 바로 감동력을 쓰는 것이다. 코미디언들이 하는 것처럼 자신을 낮추는 것이다. 여기에서 '낮춘다'는 것은 상대방의 비위를 맞추거나 상대방의 마음에 들 만한 말을 골라서 하라는 것이 아니다. 자신을 낮추는 것은 자신의 입장보다 상대의 입장을 살피고, 상대의 장점을 알아보라는 것이다. 진정한 통분은 이렇게 자신을 낮추고 상대의 마음을 들여다보는 것에서부터 시작한다.

자신을 낮추어 통분을 할 때에는 나에게 돌아올 것을 재지 않는다. 내가 이만큼 존중을 하며 나를 낮추니 상대도 그만큼 나를 존중해주고 나보다 더 자신을 낮출 줄 알아야 한다고 기대하는 것은 진정한 감동력이 아니다. 감동력은 조건 없이 베푸는 마음이다. 설령 통분에 실패를 하더라도 상대에 억한 마음을 품을 필요는 없다. 감동력의 근원은 상대에게 돌려받기 위한 것이 아니라 그렇게 자신을 낮춤으로 하여 자신을 만나고 진정한 자기 자신의 주인이 되는 것이다.

통분은 비단 타인과의 관계에서만 필요한 것이 아니다.

진정으로 중요한 통분은 자신의 내적 세계에서 이루어지는 통분이다. "나는 누구인가?", "진정한 삶의 의미는 무엇인가?", "내가 이루고자 하는 삶의 진짜 목표는 무엇인가?"와 같이 내 안의 호랑이가 답하지 못하는 문제들을 만나야 벽에 부딪친 호랑이는 조련사를 깨우게 된다. 바로 자신과의 통분이 일어나는 순간이다. 이런 질문들의 답을 찾아가며 내 안의 호랑이와 조련사가 하나의 세계 안에 존재하게 된다.

먼저 나 자신과 소통을 이루어라

닉 부이치치는 손과 발이 없이 몸뚱이만 가지고 태어났다. 여덟 살이 되던 해 그는 자신이 친구들과 너무도 다르게 생겼다는 것을 깨닫고 차라리 죽는 것이 낫겠다는 생각을 했다. 그리고 마지막으로 자기가 꼭 살아야만 하는 이유가 있는지 적어보았다. 사랑하는 가족, 자신을 아껴주는 친구들……. 그렇게 하나씩 목록이 길어지는 사이 그는 자신이 왜 살아야 하는지를 깨닫게 되었다. 그리고 지금 그는 '사지가 없는 인생'이라는 재단을 설립하고 세계를 돌며 그 존재 자체로 수백만 명이 넘는 사람들에게 희망을 전도하는 '행복 전도사'가 되었다.

그가 죽음을 선택하기 직전에 했던 일은 바로 자신을 만나는 일이었다. 자기 자신과 소통을 했던 것이다. 우리는 흔히 소통이라고 하면 타인과의 소통을 생각한다. 관계라는 말에서도 타인과의 관계를 먼저 떠올린다. 그러나 결국 자신과 소통하지 못하는 사람은 남과의 소통에서도 문제를 겪을 수밖에 없다.

한국은 OECD 국가 중 자살률 1위라는 불명예를 가졌다. 34분에 1명꼴로 자살을 한다고 한다. 자고 나면 뉴스에 누군가의 '자살' 소식이 없는 날이 거의 없다. 과연 그들 중 닉 부이치치보다 더한 장애를 가진 이가 몇 명이나 될까? 학교에서 유일하게 팔다리가 없는 학생이었고 유일하게 휠체어를 타고 있는 학생이었던 그가 당한 따돌림보다 더 심하게 왕따를 당한 학생이 몇 명이나 될까? 세 번이나 자살 시도를 했지만 자신의 장애를 오히려 투지에 불을 붙이는 장작으로 삼았던 그가 자신과의 소통을 통해 발견했던 것은 '다른 사람이 결정할 수 없는 나만의 소중한 나'였다.

밤에 운전을 하면 창밖의 것들이 너무나 잘 보인다. 길거리를 지나는 사람들, 상점의 불빛들, 아름다운 한강의 야경, 멋진 조명이 켜진 다리들……. 그런데 잠시 차가 섰을 때 무언가를 찾기 위해 실내등을 켜면 그 전까지 잘 보이던 밖이 하나도 보이지 않는다. 보이는 것이라고는 바깥의 어둠과 창문에 반사된 내 얼굴뿐이다. 그리고 차 안을 밝힌 등 밑으로 차 안의 것들이 비로소 눈에 들어온다. 불과 10W 정도의 미약한 불빛이라도 차 안의 구석구석을 볼 수 있다.

이렇듯 늘 밖에 있는 것만 보려고 하는 사람들은 자신이 가지고 있는 것을 남들과 비교하기만 하고 정작 자신을 제대로 들여다볼 기회가 없다. 자신과 소통을 잘 하려면 우선 자신을 잘 알아야 한다. 그래서 때로는 밖을 보기 위해 켜둔 불을 끄고 내 안의 불을 켜야 한다. 그래야 비로소 내가 보인다.

자기 자신을 냉정한 눈으로 바라보며 진실로 알아가고 나도 모르게 여기저기 그늘진 마음의 주름을 피는 작업을 해야 한다. 스스로에게 진실을 말할 수 있어야 타인과의 소통에서도 사실을 왜곡하거나 쓸데없이 감정적이고 적대적으로 반응하지 않게 된다. 자신과의 소통은 곧 자기성찰을 동반하는 과정이다. 이런 자기성찰을 통해 얻은 나에 대한 합리적이고 객관적인 데이터를 바탕으로 올바른 삶의 목적과 자세를 세울 수 있다. 이것이 곧 '나와 이루는 통분'이다.

자신과 소통을 못하는 사람은 타인과의 소통에서도 문제를 일으키게 된다. 타인과의 통분과 솔직한 소통을 위해서는 건강한 인정과 온전한 판단, 순수한 신뢰와 합리적인 감정 같은 것들이 필요한데 이런 바탕을 만들기 위한 시작점은 바로 자기 자신이다. 내 안에서 먼저 나 자신과의 소통을 이루어야 하는 것이다. 이것이 감동력으로 인해 생긴 진짜 대화하는 능력이다.

이 능력을 통해 자신 안의 호랑이와 조련사가 대화를 하게 되고, 이 내적 대화가 깊어질수록 외적인 대화도 수월해진다. 그것은 단순하게 다른 사람들을 참고 이해하는 수준이 아니다. 감동력으로 인해 자신감과 자존감이 생기면서 이로 인해 타인의 말을 더 신중하게 들어주고 이런 배려가 신뢰를 이끌어내게 되는 것이다. 대화는 '기술'이 아니다. 얄팍한 '대화법'을 사용하려는 마음을 버리고 감동력으로 그 근원의 힘을 키워야 한다.

판단이 어려울 때,
감동력이 정답이다

세상을 바꿔보려는 야망을 가진 한 사람이 있었다. 그는 세상 구석구석을 돌아다니며 사람들을 설득하고 교화시켰으며 정치를 하기도 했다. 그렇게 많은 노력을 기울였지만 세상을 바꾸는 데는 실패했다. 낙담한 그는 고향으로 돌아와 지역사회라도 변화시켜 보고자 여러 가지로 애를 썼다. 그러나 그 역시 만만치가 않았다. 벽에 부딪치는 일이 한두 가지가 아니었고 그때마다 실망이 쌓여 갔다. 그래서 그는 다시 한번 마음을 바꾸었다. 지역사회는 바꿀 수 없었을지언정 자신의 가족만큼은 변화시켜보겠다고 다짐을 한 것이다.

아내를 변화시키기 위해 대화와 설득을 시도하고 아이들을 변화시키기 위해 인내심 있는 교육방법을 실천했다. 그러나 허사였다. 가족들은 변화를 거부했다. 자괴감에 빠진 남자는 어느 날 산에 올랐다. 탁 트인 풍광을 보며 마음의 위로라도 얻어볼 심산이었다. 바람이 살랑살랑 부는 산비탈에 주저앉아 땀을 식히던 남자의 눈에 주변에 핀 들꽃이 들어왔다. 푸른 풀숲 사이로 드문드문 고개를 내밀고 있는 소담한 들꽃들이 외로워 보이기도 하고 뜬금없어 보이기도 하여 물끄러미 바라보다가 그는 무릎을 탁 쳤다. 들꽃은 저 혼자 피어난 것이지 주위 풍경을 바꾸려고 피어 있는 것이 아니었다. 그런데 그렇게 피어 있음으로 하여 주위 풍경을 한결 아름답게 만들어주고 있었다.

산에서 돌아온 남자는 '나부터 먼저 변해보자.'고 마음을 먹었다. 그리고 그동안 사람들을 향해 변해야 한다고, 바꾸라고 설득했던 것들을 스스로 실천하기 시작했다. 전부가 옳은 일들이었고 바람직한 변화를 가져오기 위한 일들이었지만 실제로 직접 실천을 해보니 상상했던 것 이상으로 힘들었다.

'내가 그동안 얼마나 바보 같은 짓을 했는지 이제 알겠군. 이렇게 힘든 일을 다른 사람들에게, 가족들에게 말로만 하라고 했으니……'

남자가 변하고 나서 놀라운 일이 일어났다. 가족들이 조금씩 달라지기 시작한 것이다. 달라진 가족들의 모습을 보며 그 가족들과 가까이 지내던 이웃들도 조금씩 변하기 시작했다.

감동력은 다른 누군가의 말 한마디에 감동을 받는 것을 의미하는 것이 아니다. 감동력은 내가 스스로의 주인이 되는 힘이다. 그 자체로 '나를 이끄는 힘'이므로 감동력은 나를 변화시킨다. 그리고 그 변화로 인해 상대방의 변화를 이끌어내며, 그것이 다시 나를 변화시키고 또 다시 상대방을 변화시키는 선순환의 출발점이 된다.

감동력은 나를 위해 쓰는 가장 이기적인 능력이다

어느 날 한 후배가 찾아와서 직장생활을 하면서 괴로운 문제가 생겼다고 했다. 동료 한 명이 자신의 앞에서는 늘 둘도 없이 가까운 사이인 척하면서 다른 사람들에게 가서는 자신의 흉을 본다는 것이었다. 그것을 알면서도 모른 척을 하자니 스트레스가 이만저만이 아니라고 했다. 그런데 자신에게만 그런 것은 아니고 다른 사람들에게도 그런 짓을 하는 것 같고, 그러다보니 주위에 그를 좋게 보는 사람이 거의 없다고 했다. 그래서 나는 그 사람이 어쩌다 그런 성격을 갖게 되었는지 아느냐고 물었다.

"글쎄요, 성장 환경이 좀 불우했던 것 같기는 해요. 고아원에서 자랐다고 들었거든요."

"음, 참 안됐네. 그런데 재미있군."

"뭐가요?"

내 말을 듣고 후배가 깜짝 놀라며 물었다.

"만일 네가 그 동료를 직장생활을 하면서 만난 게 아니라 고아원에서 어렵게 자랄 때 만났더라면 어떻게 대했을까?"

"그거야 안됐으니까 뭐 하나라도 잘해주려고 노력을 했겠죠."

"그래? 그럼 지금은 왜 그런 생각을 하지 않는 건데?"

그러자 후배는 답답하다는 듯 이마를 찡그리며 말했다.

"아이 참, 절 괴롭힌다니까요. 그것 때문에 제가 얼마나 머리가 아프고 상처를 받는지 아세요?"

"하하하, 미안, 미안. 그래 그렇지. 그런데 네 말을 들어보면 그 사람이 왜 그렇게 비뚤어진 성품을 갖게 되었는지 그 이유를 대충은 짐작을 하고 있는 것 같은데. 불우했던 과거는 위로를 받을 만해. 지금 그 사람한테는 따뜻한 말 한마디가 제일 필요한 것인지도 몰라."

"어우, 말이 쉽지 그게 쉬워요, 어디? 나한테 그렇게 못되게 구는데 어떻게 좋은 말이 나오겠어요?"

"속으로라도 미워하고 원망하는 마음을 계속 가지고 있는 건 쉽니? 그래서 골치가 아프고 답답한 거야. 그런 마음 때문에 제일 힘든 건 너라니까? 그러니까 널 위해서 이기적으로 살라는 거야. 이해하고 위로하고 감싸주고 사랑하는 마음을 갖는 편이 정신 건강에 훨씬 좋아."

"그런 건 성인군자들이나 할 수 있는 일이죠!"

"그 성인군자들이나 하는 일이 사실은 매우 이기적인 일인 거지. 뭐 하러 스스로한테 상처를 주는 생각을 해? 어렵긴 해도 나에게 가장 이로운 길을 택해야지. 답이 여러 개 있을 때에는 가장 어려운 것이 정답인 법이야."

누군가와 약속을 했는데 무려 30분을 기다려도 그 사람이 나타나지 않을 때 당신은 무슨 생각을 하겠는가? 약속시간을 지키지 않는 상대방에게 화가 나서 속으로 별의별 욕을 다 해대게 될 것이다. 그러나 이때 '이 사람은 지금쯤 이곳으로 오면서 30분이나 늦어서 얼마나 속상해하고 있을까? 길이 엄청나게 막히는데 어떻게 해볼 방법이 없어서 발을 동동 구르고 있을지도 모르고 하염없이 기다리고 있을 나에게 미안해서 애가 타겠지? 그래도 나는 약속시간 5분 전에 미리 나와 있어서 참 다행이야.'라고 생각한다면 어떨까?

30분 동안 상대방을 기다리면서도 나의 마음은 평화로울 수 있다. 그 사이에 핸드폰으로 뉴스를 보기도 하고 밀린 이메일에 답장을 쓰기도 한다. 그저 분을 삭이느라 상대방을 기다리는 시간을 쓸데없이 써버릴 것이 아니라 얼마든지 나를 위해 쓸 수 있다.

사람들이 내게 가끔 이런 말을 한다.
"왜 그렇게 세상을 어렵게 사냐? 좀 쉽게 살아."
그러면 나는 이렇게 묻는다.

"화를 내는 게 쉬울까요? 아니면 참는 게 쉬울까요?"

그는 대답한다.

"당연히 화가 나는데 화를 내는 게 쉽지."

그러면 나는 또 묻는다.

"그럼 짜증을 내는 게 쉬울까요? 아니면 참는 게 쉬울까요?"

"그것 참, 짜증이 나는데 당연히 짜증을 내는 게 쉽지."

나는 이어서 질문을 한다.

"쉬운 일을 자꾸 하다보면 내 존재가 쉬워질까요, 어려워질까요?"

그는 이번에는 조금 뜸을 들이다가 대답을 한다.

"그야 쉬워지겠지."

나의 마지막 질문은 이것이다.

"쉬운 존재가 되어 세상을 살아가는 것이 쉬울까요, 어려운 존재가 되어 세상을 살아가는 것이 쉬울까요?"

그러면 그는 대답을 하지 못한다.

어려운 문제를 풀 때, 어려운 답을 실천에 옮길 때 당신의 조련사가 눈을 뜨고 마음의 능력이 올라간다. 그러면 세상이 쉬워진다. 쉬운 것들의 유혹을 뿌리쳐야 한다. 감동력은 남을 위해서 쓰는 능력이 아니다. 사실 자기 자신을 위해서 사용하는 매우 이기적인 능력인 것이다. 그래서 아무리 어렵더라도 이것이 나를 위한 최선의 정답이다.

쉬운 일만 하고 살면 나의 존재도 쉬워진다.

그런데 어려운 문제의 답을 찾고 실천에 옮길 때 마음의 능력도 한 뼘 더 자란다. 어려워도 나에게 이로운 길은 어려운 존재가 되는 것이다.

누구를 위한 감동력인가?

　몇 년 전 축구팀인 포항 스틸러스 선수들이 특별한 실험을 했다. 고구마를 화분에 심고 나서 한쪽 화분에는 늘 좋은 말을 해주고, 한쪽 화분에는 나쁜 말을 계속해서 해주었다. 얼마 후 보니 신기하게도 '좋은 말'만 듣고 자란 화분의 풀은 풍성하고 싱싱한 반면 '나쁜 말'만 듣고 자란 화분의 풀은 성장 속도도 훨씬 느리고 시들시들하게 힘 없는 모습이었다.

　에모토 마사루의 저서 『물은 답을 알고 있다』에 그 답이 나와 있다. 그는 감사, 사랑 등의 단어를 붙인 물과 악마, 바보 등의 단어를 붙인 물을 급속 냉동시킨 다음 그 입자의 사진을 책 속에 실었는데, 그 결과는 실로 놀라웠다. 긍정적인 단어를 붙인 물의 입자는 매우 아름답고 고른 육각형을 띠고 있었던 반면 부정적인 단어를 붙인 물은 결정이 깨져 있는 데다 모양도 엉망이었다. 눈에 보이지 않는 것의 힘이 눈에 보이는 결과를 가져오는 것을 증명한 것이다.

우리 몸의 70% 이상은 수분으로 되어 있고 뇌의 90% 이상도 수분이다. 우리가 누군가를 사랑하거나 누군가를 미워하는 동안 감동력이 우리의 몸을 전혀 다르게 바꿔놓을 수 있다는 얘기다. 어떤 감정으로 가득 차 있다는 건 그 감정을 표현함으로 해서 다른 사람들에게 전달될 뿐만 아니라 동시에 그 감정으로 인하여 스스로도 막대한 영향을 받고 있다는 것이다.

영어 캠프에 간 초등학생 아들이 첫날 캠프에서 돌아와서 아빠에게 말했다.

"아빠, 저 영어 캠프 못 다니겠어요."

"왜? 무슨 일이 있었니?"

아빠가 물었다.

"애들이 하는 말을 하나도 못 알아듣겠어요."

아들이 대답했다.

"저런, 다들 영어로만 말을 했나보구나?"

아빠가 걱정스러운 얼굴로 묻자 아들이 얼굴을 찡그리며 말했다.

"아니요. 말을 할 때마다 무슨 욕들을 그렇게 많이 하는지 하나도 못 알아듣겠더라고요."

아빠는 살짝 안도의 한숨을 내쉬었지만 걱정이 되기는 마찬가지였다.

"그랬어? 그래서 무슨 생각이 들었는데?"

"좀 안됐다는 생각이 들었어요."

"응? 왜?"

아빠는 아들의 의외의 대답에 놀랐다.

"욕을 그렇게 쉬지도 않고 한다는 건 걔네들 안에 욕이 꽉 차 있다는 거잖아요. 욕이 있어야 주니까요. 그리고 욕을 하면 자신들이 제일 먼저 듣게 되잖아요."

사랑을 하는 것은 동시에 사랑을 받는 것이다

미워하는 사람이 많은 이는 평소에도 그 마음이 미움으로 가득 차 있는 것이고 이렇게 누군가를 증오하고 미워하는 마음은 한방향으로만 흐르지 않는다. 상대에게 가는 만큼 나 자신에게도 온다. 반대로 다른 이들에게 넉넉한 사랑을 주는 사람은 평소에도 넉넉한 사랑으로 가득 차 있다는 것이다. 그래서 상대를 사랑하는 순간 그 사랑이 상대방에게 가는 만큼 나에게도 온다. 나도 사랑을 받는 것이다. 그래서 보상받지 못하는 사랑도 사랑할 가치가 충분히 있다. 그것은 누군가를 사랑하는 일인 동시에 나를 사랑하는 일이기 때문이다.

사랑은 '너'를 위해서 주는 것이 아니라 나를 위해서 하는 것이다. '너를 위해'라고 생각하는 마음의 밑바닥에는 사랑을 돌려받고 싶은 욕심이 숨어 있다. 주는 만큼 받는 것은 거래이지 사랑이 아니다. '나의 행동은 너를 위한 사랑이야.'라고 생각하는 것도 진정한 사랑이 아니다. '너를 위해서'라는 전제 속에는 높낮이가 존재한다. 내가 너보다 우위에 있는 것이다.

내 안에 가득 찬 사랑을 누군가에게 쏟는 것은 나를 위한 사랑이며, 나를 위한 사랑은 되돌아오는 것을 바라지 않는다. 이미 사랑을 하는 것만으로 목적이 이루어졌기 때문이다. 나를 위해 한 행동인데 그 누구에게 대가를 바라겠는가? 이런 사랑이 바로 상대에게 강요하지 않고 스스로를 희생하지 않으며 나를 행복하게 하고 상대방을 행복하게 만드는 사랑이다. 그리고 이런 사랑이 우리의 몸에 기적과 같은 변화를 가져오는 것이다. 사랑을 하는 동안 우리는 모든 것을 이미 받고 있다.

거울의 단계에서 언급했던 것처럼 우리는 우리의 얼굴을 자신의 눈으로 볼 수 없는 존재이다. 그리고 나를 제외하고 내가 보는 것은 모두 과거에 속한 것들이다. 빛이 나의 눈에 반사되어 상을 맺을 때까지 걸리는 시간 때문이다. 과학적으로 엄연한 사실인 이 두 가지를 놓고 보면 우리는 자신의 얼굴을 보지 못하는, 즉 자신이 누구인지 모르면서 과거만을 바라보며 이 광활한 우주를 혼자서 살아가고 있는 것이다. 이 얼마나 황당한 일인가? 아마도 '인간은 누구나 외롭다'고 하는 그 외로움의 근원은 여기에 있을지 모른다. 그래서 우리는 사랑에 집착하고 사랑을 받기를 갈구하며 괴로워하는 것인지도 모른다.

거울 앞에서 우리는 거울 안의 존재를 의심하는 동안, 정반대로 거울 안의 나에 대한 확신에 물들어버린다. 참 아이러니한 이야기다. 모든 것이 가짜라는 사실은 나만 진짜라는 망상의 뿌리를 만들고 말았다. 그리고 그 '나'라는 생각이 '남'이라는 생각을 낳고, '남'이라는 생각이 '나는 옳고 너는 틀리다는 생각'을 낳았다.

이렇듯 철저하게 버림받은 것 같았던 존재, 아무도 절대로 벗어나지 못하게 짜여진 것 같은 이 철두철미한 감옥에 한 가지 약점이 있었으니, 그것이 바로 사랑이다. 그리고, 그 단어가 가진 오해를 없애기 위해 탄생한 언어, 그것이 바로 감동력이다.

감동력이 발휘되는 순간, 그대는 거울 앞의 존재에 대한 확신보다 거울 안의 모든 것들이 자신이라는 사실을 발견하게 된다. 그 순간 그대는 사라지고, 그대가 모든 것이 된다. 이 얼마나 경이로운 순간인가?

나를 찾은 명상의 고수가 나에게 고백한다.

"내가 몸으로 알던 것을 당신이 말로 설명해주니, 나는 행복하기 그지없소."

나는 말한다.

"언어로 설명할 수 있어야, 언어 너머로 갈 수 있습니다. 느낌을 언어로, 그리고, 다시 그 언어 너머를 느끼고, 그것을 다시 언어로, 바꾸는 무수한 과정 속에서 우리의 영적 성숙은 지속됩니다."

오늘의 마음사용법

우리는 다른 그 누구를 위해서 살지 않는다. 오직 자신을 위해 살아간다. 기쁨도 슬픔도 사랑도 나 혼자의 것이지만 감동력은 나의 세상에 연결되어 있는 모두에게 영향을 미친다. 그래서 사랑하는 것은 사랑을 받는 것이며 나의 행복으로 모두가 같이 행복해진다.

나는 왕이다

추운 겨울 어느 날, 주유를 마치고 자동세차 기계에서 차를 세차하고 나왔는데 남자 직원 하나가 수건을 들고 다가왔다. 영하 10도는 족히 될 듯한 강추위 속에서 그는 웃음을 머금은 얼굴로 신나게 차 주위를 돌며 물기를 닦아냈다. 그의 수고가 미안하고 고마웠던 나는 가만히 있을 수가 없어 창문을 내리고 그에게 천 원짜리 두 장을 내밀었다. 그는 손사래를 치며 거절을 했지만 나는 그의 손에 기어이 2천 원을 쥐어주고서야 자리를 떴다. 말투로 보아 그는 지적 장애가 있는 것 같았다.

주유소를 떠나며 나는 언젠가 봤던 다큐멘터리 속의 파도타기 챔피언의 인터뷰를 떠올렸다. 그는 "큰 파도를 보면 어떤 때는 나를 집어삼킬 것처럼 무섭게 덤벼드는 것 같고, 또 어떤 때는 포근하게 감싸주는 것처럼 느껴지기도 해요."라고 했다. 큰 파도의 위력이야 늘 비슷할 테지만 실력이 늘수록 파도가 자신을 감싸주는 것처럼 느낄 때가 늘어날 것이다.

두 번째로 떠오른 기억은 예전에 지인의 추천으로 승마에 도전을 했을 때였다. 처음 그와 함께 말을 타러간 날, 지인의 말은 매우 온순해서 나긋나긋하게 말을 잘 듣는 반면 나의 말은 성미가 어찌나 고약한지 몇 번이나 나를 등에서 떨어트리려고 했다. 지인에게 말이 이상한 것 같으니 한 번 바꿔서 타보자고 했지만 상황은 바뀌지 않았다. 여전히 나를 태운 말은 나에게 심술맞게 굴었다.

나는 눈앞에 닥쳐온 것들을 있는 그대로 바라본 자신을 깨달았다. 힘겹고 어려운 장애물은 그저 힘겹고 어려우니 피할 수 있으면 되도록 피해가려고 했다. 그것이 나를 위한 길이라고 생각했던 것이다. 그 순간 나는 그 주유소의 사내를 향해 마음속으로 외쳤다.

'많은 사람들이 눈앞에 닥쳐온 파도에 겁을 먹고 움츠러들 때, 많은 사람들이 자신이 탄 말을 탓하고 다른 사람의 말을 부러워하며 타고 싶어 할 때, 당신은 밀어닥친 파도를 마주하며 웃고, 당신을 힘들게 하는 말이라도 그냥 묵묵히 길들이려고 애쓰고 있었네요. 당신이야말로 당신 세상의 진정한 주인이자 왕이었군요.'

왕은 나라가 위험에 처해 있다고 해서 나라를 버리지 않는다.

옆 나라가 더 강하고 부유하다고 해서 그 나라로 도망가지 않는다. 그러면 일개 도망자의 신분이 될 뿐 더 이상 왕이 아닌 것이다. 당당한 왕이기 위해 왕은 나라가 강성할 때도 타국의 핍박을 받을 때도 패망의 위험에 처해 있을 때도 그 자리에 감사하며 나라를 지킨다.

감동력은 내가 세상의 주인으로 살아가는 힘이다

시골마을의 허름한 식당을 가든 북적거리는 도심 한복판의 갈빗집을 가든 가장 흔히 보이는 성경구절 중 하나가 '항상 기뻐하라. 범사에 감사하라. 쉬지 말고 기도하라.'이다. 신이 우리에게 제시한 행복의 길은 이렇듯 단순하다. 이 쉬운 말이 그토록 어려운 것은 우리가 감사해야 할 것이 너무나 평범하기 때문이다. 그래서 건강을 잃었을 때나 사고를 당했을 때, 그래서 그 별것 아닌 평범한 일상으로 되돌아가는 것이 나의 절실한 기도의 대상이 되는 순간에서야 우리는 깨닫는다. 범사를 하찮게 여겼던 것은 내가 진정한 나의 주인이 되지 못했기 때문이었다는 것을 말이다.

아빠가 초등학생인 딸에게 묻는다.
"사랑하는 딸, 오늘 감사한 일이 있다면 어떤 게 있었을까?"
딸은 오늘도 이어지는 아빠의 귀찮은 질문에 입을 비죽거리다가 건성으로 대답한다.

"음, 엄마가 맛있는 아침밥을 차려주신 거요……. 그리고 선생님이 열심히 저희를 가르쳐주신 거요. 그리고…… 음, 참고서를 만들어주신 분이요."

딸의 대답을 듣던 아빠는 마지막에 가서 의아한 표정으로 말한다.

"참고서를 만들어주신 분? 그분에게는 왜 감사한 거지?"

"아이참, 그거야 그분이 참고서를 만들어주시지 않았으면 제가 참고서를 볼 수가 없었을 테니까요."

"오, 그렇지! 우리는 어떤 사람들에게 감사한 마음을 갖게 되는 걸까?"

"우리를 위해서 뭔가를 해준 사람들이죠."

"그런데 참고서를 만든 사람은 너를 위해서 한 게 아닐 수도 있잖니? 순전히 자기가 돈을 벌기 위해서 만들었을 수도 있잖아."

"그건 그렇긴 하죠."

아빠는 딸을 보며 미소를 지었다.

"그렇지만 네가 그분에게 감사한 마음을 품는 순간 그분은 너를 위해 뭔가를 해준 사람이 되는 거지. 너를 위해서 뭔가를 해주려는 의도가 없었다고 해도 네가 감사한 마음을 갖기만 하면 그 사람은 너를 위해 뭔가를 해준……. 그러니까 너를 섬기는 사람이 되는 거네, 그렇지?"

딸은 곰곰이 생각에 잠긴 표정을 짓다가 이내 활짝 웃었다.

"하하. 그렇네요."

"그렇다면 만약 네가 만나는 모든 사람들과 모든 세상에 감사한 마음을 갖는다면 어떻게 될까?"

"그러면 모든 사람들과 모든 세상이 나를 위해 무언가를 해준 게 되는 거죠."

"세상 모든 이들이 그렇게 뭔가를 해주면서 섬기는 사람을 뭐라고 부르지?"

딸은 코끝을 찡긋 올리며 말했다.

"왕이요."

아빠는 껄껄 웃음을 터트렸다.

"바로 그거야. 감사는 세상의 왕이 되는 일이란다."

내가 주인이자 왕인 세상에 내가 가진 것들만큼 귀한 것이 어디 있겠는가. 그러니 그것들이 어떤 모습이든 나는 그것들에게 감사하고 지켜내야 한다. 감동력은 감사를 일으키고, 감사는 상대방에게 감동을 일으키며, 그 감동은 감사의 마음을 불러오고, 그 감사는 다시 나에게로 돌아온다. 만일 내가 마주하고 있는 현실이 도무지 마음에 들지 않는다면 나에게 이런 운명을 준 신을 원망하며 시간을 보내는 대신 내가 무언가 할 수 있는 방법을 찾아 그 현실을 조금이라도 바꿔보려 애쓰는 편이 낫다. 오직 나만이 쓸 수 있는 능력, 오직 나만이 할 수 있는 그 일은 바로 나의 마음을 사용하는 것이다.

감사하는 마음을 품는 이상 나는 그 세상의 왕이다. 아무리 험난한 시련이 닥친 오늘이라도, 특별할 것 없는 비루한 일상이라도 왕처럼 나의 세상을 다스리며 살라. 나는 내가 가진 이 특별한 세상의 주인이기 때문이다.

오늘의 마음사용법

차를 몰고 가는데 누군가 급하게 당신 앞으로 끼어든다면 화가 나지 않을 수 없다. 그러나 그것이 당신의 왕국에서 일어난 일이라면 자애로운 왕은 사랑하는 백성이 무슨 급한 일이 있었는지도 모른다고 생각할 수도 있다.

그러니 너그러운 미소와 함께 이렇게 말해보라.

"내가 너를 용서하노라."

왕처럼 사는 방법은 그리 어렵지 않다.

감동력을
습관으로 만들기 위해서

책만 읽는다고 감동력이 저절로 몸에 밸 수는 없다. 나는 그동안 감동력을 이끌어내고 습관으로 만드는 데 성공하여 자신의 삶을 바꾼 사람들을 수도 없이 보아왔다. 그들은 나에게 감사 인사를 하지만 그 감사는 내가 받을 몫이 아니다. 원래 그 감동력은 그들의 것이었기 때문이다.

많은 단체들이 감사 운동을 하고 있다. 그리고 감사 일기도 쓴다. 그런데 여기에서 두 가지 명심해야 할 것이 있다. 첫째로 감사를 통해 감동력을 증진시키는 것이 쉽지 않다는 것이다. 단순한 '감사합니다'라는 인사 안에는 복잡한 단계들이 있어 어지간한 통찰과 계획이 아니고서는 그 본질에 접근하는 것이 녹록지 않다. 둘째로 감사하는 습관을 들이기 위해 일기를 쓰는 방식은 늘

자발적인 의지가 있는 몇몇에게만 효과가 있다는 점이다. 그래서 한 가지 아이디어를 냈다.

나는 그동안 내가 배우고 익히고 실험했던 것들을 토대로 10단계의 감사 질문 매뉴얼을 만들었다. 그것은 문자로 사람들에게 질문을 보내는 것이다. 사람들은 질문에 대한 답을 찾는 동안 자연스럽게 자신의 안에 있는 감동력을 발휘할 수 있게 된다. 그래서 인성이 사라진 학교에서 감동력은 아이들의 인성을 다듬어줄 것이고 행복이 사라진 가정에 다시 따뜻한 웃음꽃이 피게 할 것이고 조화가 사라진 직장에 다시 화합이 찾아오게 할 것이다.

그리고 2020년 공중파 방송국과 함께 감사 습관을 통해 이끌어낸 감동력이 학교에서 아이들을 어떻게 변화시켰으며 직장에서 얼마나 생산성을 높이고 가정의 행복에 얼마나 영향을 미치는지 관찰한 다큐멘터리를 만들어 방영하기로 했다.

모든 사람들의 삶은 무의식의 지배를 받는다. 그리고 자신이 무슨 일을 하는지 미처 깨닫지 못하고 살아가는 시간들이 더 많다. 그래서 감사의 의미를 깨닫는다고 해도 그것을 실제로 실천으로 옮기는 것은 매우 힘든 일이다. 무의식의 덩어리에 시시각각으로 잠식당하며 삶의 대부분이 마치 운명처럼 흘러가버리고 만다.

그렇다면 이 무의식에 저항할 수 있는 방법은 과연 없는 것인가? 무의식을 바꿀 수 있는 유일한 방법이 있다. 무의식은 인식의 개입 없이 당신을 조종하는 것이다. 이것이 습관이다. 그러니 의식적으로 습관을 바꿀 수만 있다면 무의식의 지배를 벗어날 수 있다. 마치 가위에 눌렸을 때 벗어나기 위해 애를 쓰면 쓸수록 공포가 온몸을 죄어오지만 젖 먹던 힘을 다해도 빠져나오기란 쉽지 않다. 하지만 손가락 하나에 집중하고 그 손가락 하나만 움직일 수 있다면, 온몸을 감싸던 공포는 언제 그것이 있었는지 모르게 사라지고 만다. 그 손가락 하나를 움직이는 힘, 이것이 바로 습관을 바꾸는 것이다.

무의식의 세계를 송두리째 바꾸는 방법은 무엇보다 감사의 습관을 들이는 것이다. 처음부터 감사 일기를 쓰는 것은 쉽지 않다. 그러니 엄마가 아들에게, 아빠가 딸에게 감사에 대해 묻는 간단한 대화부터 시작하는 것은 어떨까. 오늘 감사할 만한 일이 있었는지, 무엇에 감사했는지, 무엇 때문에 감동을 받고 감사를 하게 된 것인지를 묻는 것이다. 감사 일기를 시작할 때처럼 처음에는 무슨 말을 해야 할지 몰라 망설이는 어색한 순간이 있을 것이다. 애써 잘 생각나지 않는 기억을 더듬어야 하고 억지로 맞춘 답을 하는 것 같은 느낌도 들 것이다. 그래도 포기하지 않고 이 과정을 반복하다보면 어느새 익숙해진 자신을 발견하게 될 것이다. 세상에 하나밖에 없는 귀한 나의 노력이라는 가장 비싼 대가를 치렀으니 세상에서 가장 값진 것이 돌아온다. 바로 감동력을 습관으로 만드는 데 성공한 것이다.

나는 학부모 교육을 위해 부르는 곳이면 마다않고 다녔다. 부모들이 바뀌어야 아이들도 바뀌기 때문이다. 그런데 재미있는 것은 교육이 필요한 사람은 교육장에 잘 안 나온다는 것이다. 교육에도 양극화가 진행되고 있는 것 같다.

그래서 나는 몇몇 교육청에 '마법 노트'를 제안했다. 마법노트는 마음사용법 노트로, 학생들이 수행평가로써, 부모에게 감사한 이야기를 여쭈어보고 그것을 적어오는 것이다. 이것은 가정에 대화를 살아나게 하고, 그 대화 속에서 자연스럽게 감동력을 배양할 수 있도록 돕는 일이 될 것이다.

아직 진행되지는 않았지만, 이 노트는 지금의 대한민국의 정치인들과 사회지도층이 우리에게 가르쳐왔던 자신의 논리로 상호 비판과 비난, 그리고 그것을 통해 초토화된 우리들의 마음을 조금이나마 치유하고, 잠자는 공간으로 전락한 우리의 집을 행복을 만드는 곳으로 변화시키는 작은 시작이 될 것이다.

직장은 어떤가? 언제 그만두어야 할지 모르는 명예퇴직의 공포와 노사의 갈등, 상사와 부하직원의 갈등, 신구세대의 가치관 차이에 의한 갈등, 이 모든 갈등들은 우리들의 행복을 갉아먹고 있다.

인카금융서비스라는 회사는 나의 권유를 받아들여 감사 운동을 전개했다. 영업회사인 이 회사의 대표는 감사의 의미를 잘 알고 있었기에 감사 운동으로 회사의 토양을 바꾸고 있다. 이제 시작이지만, 이 회사의 영업사원들은 감사로 무장하게 될 것이고, 그것은 자신들의 삶에서 진정한 행복을 찾아줄 것이며, 그것이 자신들이 팔고 있는 상품들과 고객들에게 진정성을 더할 것이다. 그런 회사가 앞으로 잘될 것은 불을 보듯이 뻔한 일이 아닌가?

아마도 이 책의 후속작은 마음사용법(실전편)이 되지 않을까 싶다. 이 책에 수많은 독자들의 고백담과 앞서 언급한 교육청과 지자체, 그리고, 회사들의 성공 사례들이 실릴 것이다. 나는 수많은 미담 속에서 어떤 것을 담아야 할지 고민하게 될 것이다.

오늘의 마음사용법

어떤 책은 다 읽으면 끝이 나지만 이 책은 다 읽으면 그때부터 시작이다. 좌절을 맛볼 때도 있겠지만 조련사로 새로 태어난 당신은 언제든 다시 눈을 뜰 수 있다. 당신은 훌륭한 조련사이니까.

모두에게 사랑받지 않아도 괜찮아

요즘 초등학생들에게 장래 희망이 무엇이냐고 물으면 '연예인', '유튜버'라고 하는 아이들이 꽤 많다. 예전엔 '딴따라'라고 불리는 직업들인데, 지금은 십대들의 선망의 대상이다. '딴따라'의 사전적 의미는 '연예인을 얕잡아 이르는 말'이라고 하지만 실제 '딴따라'는 '좋아서 따라다닌다'는 뜻의 고어가 변형된 것이다. 결국 사람들에게 사랑을 받는 직업인 것이다.

유명 연예인들이 우울증에 걸려 자살하는 일이 부쩍 자주 일어나고 있다. 이유는 여러 가지가 있겠지만 그 본질은 하나다. 팬들로부터 사랑을 받을 때는 세상이 내 것인 것처럼 행복하다가 팬들의 사랑이 멀어진 느낌을 받는 순간 우울증에 빠져 헤어 나오지 못하고 파멸의 길을 걷는 것이다. 그래서 '제2의 전성기'를 맞거나 '슬럼프를 극복'한 연예인들에게도 공통점이 있다. 모두 다시 팬들의 관심을 받게 된 것이 계기다.

결국 진짜 문제가 있는 것이 아니라 사랑을 받지 못했을 때 문제가 생긴다. 팬들의 사랑이 멀어지면 자신에게 문제가 있다고 생각하는 것이다. 그러면 그것은 진짜로 문제가 된다. 그리고 다시 사랑을 받게 되면 그 문제가 해결이 되었다고 여기고 우울증에서 벗어날 수 있게 된다. 이 두 가지 경우에 있어 자신이 변한 것은 아무것도 없다. 남이 나를 어떻게 생각하는지가 변했을 뿐이다. 이 얼마나 우습고도 신기한 이야기인가?

그리고 더욱이 짚어야 할 점은 바로 이것이다. 모든 팬들이 다 한꺼번에 미워하는 게 아니라는 것이다. 그들 중 이름도 모르는 몇몇이 강하게 비판을 하면 마치 대중들 전체로부터 미움을 받는 것처럼 느끼며 절망에서 헤어나오지 못하게 되는 것이다. 이것은 앞서 마음사용법을 꼭 배워야만 하는 이유에 나왔던 '꿀물과 구정물'의 예와 같다. 구정물 한 방울 때문에 우리는 삶을 망가트릴 충분한 이유를 만들어주고 있는 것이다.

아무리 대중의 사랑을 받는 것이 직업인 '딴따라'라고 하나 사랑을 받는 일이 삶의 전부가 될 수는 없다. 우리는 사랑을 받는 일에 중독되어 있다. 자력으로는 도저히 어찌할 수 없는 난관에서 벗어나기 위해 악마에게 영혼을 팔고 악마의 노리개로 전락하는 영화 속 주인공처럼 우리는 '타의식'이라는 악마에게 영혼을 팔아먹었다. 끊임없이 타의식에 좋은 존재로 인정받고 싶기 위해 스스로 '딴따라'가 되고 있는 것이다.

서로의 마음을 빼앗아야 살아가는 존재로 전락한 우리가 무리를 이루어 만들어내는 인식의 틀은 그것이 선한 것이든 악한 것이든 상관없이 '악마'다. 지금은 더없는 천사의 얼굴을 하고 있더라도 미디어의 발달을 등에 업고 언젠가는, 혹은 언제든 우리를 벼랑 끝까지 몰아세울 수 있다. 그래서 '딴따라'의 삶을 살게 되면 사랑을 받든 버림을 받든 그 끝은 결국 비참한 비극으로 끝나게 되어 있다.

그러니 마음사용법을 익혀 타의식에 쉬이 지배당하지 않고 자신의 마음의 주인으로 스스로 어려운 존재가 되어 세상을 쉽게 살아갈 수 있기를 바란다.

니 마음대로 사세요

ⓒ 박이철, 2020

초판 1쇄 인쇄일 | 2020년 2월 19일
초판 1쇄 발행일 | 2020년 3월 5일

지은이 | 박이철
펴낸이 | 사태희
편   집 | 김미나 유관의
디자인 | 권수정
마케팅 | 장민영
제작인 | 이승욱 이대성

펴낸곳 | (주)특별한서재
출판등록 | 제2018-000085호
주 소 | 04037 서울시 마포구 양화로 59, 703호 (서교동, 화승리버스텔)
전 화 | 02-3273-7878
팩 스 | 0505-832-0042
e-mail | specialbooks@naver.com
ISBN | 979-11-88912-68-1 (03190)

이 도서의 국립중앙도서관 출판예정도서목록(CIP)은 서지정보유통지원시스템
홈페이지(http://seoji.nl.go.kr)와 국가자료종합목록시스템(http://www.nl.go.kr/kolisnet)에서
이용하실 수 있습니다. (CIP제어번호: CIP2020006327)